営業の鬼100則

早川 勝
Masaru Hayakawa

明日香出版社

まえがき

今の時代に「鬼100則」とは、時代錯誤も甚《はなは》だしい、と鼻で笑う諸氏もいるかもしれない。

しかし、そんな〝生ぬるい時代〟だからこそ、そこそこの体裁を整えているひよっこ営業マンたちは、**「ストイックなメッセージ」を求めているのではないか。**

実のところ、ゆるゆるな営業に甘んじて、マンネリに苦しんでいる熟練営業マンこそが、**「愛のある〝喝〟」を求めているのではないのか。**

そう考え、営業弱者救済のため、本書が誕生するに至った。

はじめまして。私こそが、かつて「営業の鬼」と謳《うた》われた早川勝である。

ただ誤解しないでほしい。「鬼」と言っても、俗に言う恐い妖怪の鬼を想像してもらっては困る。本書における「鬼」とは、高圧的なパワハラ系の鬼を意味していない。今さら、暑苦しい精神論を語るつもりなど毛頭ないのだから。

そもそも営業マンの定義とは何か。

それは、**「自分自身をも完全に説得しきった素晴らしいものを、お客さまの問題解決や幸せのために、正々堂々と売ってあげることのできる、最高峰のアーティスト」**である。

営業マンとは、「自分が信じてないものを、会社や自らの成績の都合だけで、恐る恐る低姿勢で買ってもらう、泥臭い御用聞き」などでは決してない。


営業とは、人生の縮図である、というのが私の持論だ。

人生の苦境を乗り越えるためには、ある種の「強さ」が必要不可欠である。

内に秘めた〝鬼〟のように「ブレないストイックさ」を持っているからこそ、涼しげで軽やかな佇まいを醸し出し、〝仏〟の笑顔で余裕綽々《しゃくしゃく》に振る舞うことができるのだ。


時代は変わっても営業の本質は変わらない。よって、**往く道も来た道も「鬼の王道」である。しかし、セールスプロセスやそのテクニックについては、常に「時代の最先端」を走ってきた**という自負がある。

なぜなら、今もなお、生命保険営業という最難関の営業組織において、日々トレーニングに明け暮れて営業の腕を磨き続け、成功メソッドを研究し尽くしているからである。

私がそれらの経験をまとめ執筆してきた発行書籍も、ついに本書で12作目となった。常に、**現場でインプットした「営業・育成」を「執筆・講演」で世間にアウトプットしていくという活動を並行し、その経験値を積み重ねてきた〝リアル主義〟が私の強み**である。

私はこの30年にわたり、「売れない人」が淘汰されていく厳しい生保営業の世界において、堕ちていく〝なんちゃって営業マン〟たちの後ろ姿を、数多く見送ってきた。

一時《いっとき》の勢いだけで荒稼ぎはしたものの、やがて失脚していく彼らには、営業の本質を見極める力がなかった。たとえどれだけ知識・スキル・戦術が優れていても、**正しいマインドや習慣が持続できなければ、ただ堕ちていくだけ**だ。また、その逆もしかり、**スキルが乏しい者など、もはや論外**である。

では、具体的にどのような極意を駆使して営業をすればいいのか。

私はそれを完全歩合給制のプレーヤーとして、また、営業所長、支社長、統括部長、本部長として、はたまた、エグゼクティブトレーナーとして、最前線の指導を通して現実に触れてきた。そして、はっきりと確信するに至ったのだ。

私が現場の実体験を通じて修得したことは、**数千人のデータを基に到達したリアルな「鬼100則」**だった。

振り返って思えば、その**「鬼100則」を実践してきた鬼支社長（私）**であったからこそ、30代後半にして100名以上のメンバーを率い、**断トツナンバーワンの生産性を誇る支社を創り上げることができた**のだろう。主要項目「10冠王」の表彰を受け、メンバーの3分の1にあたる35名がMDRT（トップ数％の生保営業が集う世界的な組織）会員という、業界が驚くほどのチームに成長させることができたのだ。当時の営業マン98名中97名が社内キャンペーン入賞という奇跡も生まれたのである。

もしかするとあなたは、自分は生まれながらのローパフォーマーであると、あきらめの境地にいるのかもしれない。いや、でもどうか、あきらめないでほしい。今からでも、あなたの営業力を芸術の域にまで、覚醒させることができる。

今ここに、スランプ地獄から立ち上がれないすべての営業マンに向け、**具体的にどんな営業をすれば成績がアップするのか、その「鬼の奥義《おうぎ》」を100のメッセージに乗せて伝えきる。**

かつてここまで書いた営業本は存在しなかったと断言してもいい。それほどのクオリティである。

読了後のあなたは、「これならすぐに試してみたい！」と鬼のような雄叫びを上げ、営業に飛び出したくなるに違いない。

本書が、あなたの「心の中の〝鬼〟」を目覚めさせる一助になってくれたら幸いである。

早川 勝

営業の鬼100則　もくじ

第2章 Actions ～鬼戦術～

第3章 Habits ～鬼習慣～

第4章 Spirits ～鬼魂～

カバーデザイン：西垂水敦（krran）

第 1 章

Skills
～鬼技術～

釣れないときは、
魚が考える時間を与えてくれたと思えばいい。

アーネスト・ヘミングウェイ

自転車操業上等じゃないか。
漕ぎ方教えてやるから、もっと速くペダルを漕げ。

孫正義

人生あまり難しく考えなさんな。
暗かったら窓を開けろ。光がさしてくる。

中村天風

鬼100則 01

断れば断るほど売れる まずこちらから「断れ」

平凡な営業マンは、お客さまからの拒絶に大きなストレスを感じている。たとえ彼らがどんなに優れたスキルや豊富な知識を持っていようとも、「恐怖心」がそれらを機能停止にしてしまう。ではいったいどうすれば、本来の能力を〝再稼働〟させることができるのか。その答えはすぐに出る。そもそもなぜ「営業マン」は警戒されるのか、それを考えてみればいい。そう、**答えは「営業するから」**である。

お客さまが描く「営業マン像」とは、売り込む人のことと考えていい。であるなら、「売り込みに来たわけじゃない」と徹頭徹尾、強調すれば警戒されないことになる。はじめはガツガツせずに、両手を上げ「武器は持っていませんよ」と、警戒心を解くこと。

「ごめんなさーい！ 今日はまったく買ってもらおうなんて思っていませんから！ まさか、売るわけないでしょ！ 営業マンじゃあるまいし！」と、余裕のポーズをとればいい。

こうして営業色を弱めれば、相手側の拒絶を和らげることができる。

ただし、**あくまで「今日は売らない」のであって、この先ずっと売らないわけではない。**心に秘めた強気の営業魂を失うことなく、次のように伝えきろう。

「ただ、ご希望があれば提案させていただくことはできます（売ってあげます）。お力になれるかもしれません（だって営業マンなんですから）」と、必ずつけ加えるのだ。**〝ご希望があれば〟という、お客さまの意向に従うことを前提にすれば、安心感が生まれる。**

もっと言えば、勇気を持って〝断る〟ことのできる営業マンを目指すことだ。

欠けているのは、**「お客さまをこちらから選ぶ」というプライドある姿勢**だ。お互いに選ぶ権利がある、ということを忘れてはならない。お客さまをこちらから先にフッてしまえば傷つかないで済む。会う前から失敗に怯える必要もなくなるのではないだろうか。

だからあなたも〝まるで営業マン〟のように「誰でもいいから何か買ってください」という八方美人な安売り営業マンであってはいけない。

誇り高き人格を持ったあなたに対して**〝まるで営業マン〟のように見下した態度であなたを粗末に扱うような人に、決して頭を下げてはいけない**のだ。あなたを一人の人間として認め対峙してくれる人格者をお客さまとして選ぶことである。

断れば断るほど売れる、お願いすればするほど売れない。これは鬼営業の鉄則だ。

鬼100則 02

「売り方」を売れ

もしあなたが、商品内容を言葉巧みに説明するだけでモノが売れ続けると思っているとしたら、失礼ながら、まだまだ二流の営業マンであると言うしかない。

たしかに、その道のプロを標榜するなら、主力商品を正確に解説できることは必須だが、それはあくまで営業マンとしての「最低限の仕事」であって、決して大きな武器にはならない。「歩くトリセツ」と呼ばれるほどに、取扱説明書を完璧にマスターしたからと言って、残念ながら、それだけで売れ続ける営業マンにはなれないのだ。

くれぐれも勘違いしないでほしい。あなたは**商品を売るのではない**。**「売り方」を売る**のである。

要するに、お客さまへの一連のセールス・プロセスである「**①サプライズ→②気づき→③興味→④理解→⑤納得→⑥感激→⑦感謝**」という一つひとつの過程を丁寧にしっかりと、そして、1ステップとして省くことなく進めていくべきなのだ。

お客さまはあなたのトークに、①**「ええっ～！」**と驚き、②**「あっ！　そうか！」**と気づかされ、③**「へー、ふむふむ」**と関心を持ちはじめ、④**「ほっほ～！」**と膝を叩き、⑤**「なるほど～！」**と腹に落ち、⑥**「素晴らしい！」**と涙ぐみ、⑦**「ありがとう」**と握手を求める。

このようにして**「ニーズ喚起セールスプロセスの７ステップ」を正しく進める「売り方」を売るからこそ、成約率が高まり、リピーターが増え、紹介顧客が広がっていく**のだ。

いきなり〝商品売り〟をするような、そんな手抜き営業をしているようでは、いつまで経っても「御用聞き」「押し売り」「〇〇屋さん」という見下されたレッテルを貼られたままだ。自らの職業に「誇り」など持てるはずがない。

今こそ、私たち営業マンのステータスを上げるチャンスではないのか。

「売り方」を売ることで、「こんな営業マンとは今まで出会えなかった」「あなたにずっと営業担当でいてほしい」「このような話なら、ぜひ、大切な友人にも紹介したい」などという身に余る褒め言葉を聞くことができる。しかも、毎度毎度である。

だからどうか、焦らないでほしい。**商品は売り込むものではない。**

欲しくて欲しくてたまらなくなった相手に対し、そっと「教えてあげる」だけでいいのである。

鬼100則 03

すべてのセールスプロセスで「クロージング」せよ

ゴールを焦りすぎてはいけない。ガツガツと「買ってくれ、買ってくれ」一辺倒では、息の長い営業マンにはなれない。やがて疲れ果て、息詰まるのは目に見えている。

売る商品や業種にもよると思うが、いずれにせよ、何がしかの**意味や目的あるステップを踏んで最終ゴールへと向かうことが大切**であることは言うまでもない。

だからと言って、それら一つひとつのプロセスに対し、緩いアプローチでお茶を濁しているようでは、よい成果は得られない。

あなたはお客さまからの「前向きに検討します」「もう少し待ってください」「また来てください」などという、**体裁のいい断り文句を信じて振り回されていないだろうか。**言っておくが、それらのほとんどは後ろ向きな社交辞令である。

そのような踏み込みの浅い**中途半端なアプローチでは、次への戦略が見えてこない。**

たとえアポイントが入ったとしても、それが遠い遠い先の曖昧な約束であるならば、結局、そのアポイントはキャンセルになる可能性が高い。

あなたの気持ちもわからないでもない。プロセスの途中で断られるのが恐いあなたは、無難に無難にと安全策で進めたいのだろう。しかし、それでは逆効果だ。

アポ取りにはアポ取りの、ファースト・アプローチにはファースト・アプローチの、ヒヤリングにはヒヤリングの、プレゼンにはプレゼンの、紹介入手には紹介入手の、それぞれのプロセスにおいて、猛烈なクロージングをかけておかなければならない。要は、次のプロセスへ一直線にアポイントがつながっているかどうかだ。

すべての訪問において、先へと続く「道」は二つに一つだ。

二度と来ないでくれと完全に断られるか、次回訪問の目的を明確にした上で最短スケジュールのアポイントが取れたか、そのどちらかしかない。

すべてのアポイントには、それぞれに「意味」と「ゴール」があるはずだ。そのたびに、〝**鬼のクロージング**〟**をかけておかないと「真実」は見えてこない。本当に相手が何を望んでいるのか、本音の答えは永遠に闇の中だ。**

恐がらずに常に決着をつける姿勢を忘れないことである。

もういい加減に、チキンハートな自分と訣別しようではないか。

鬼100則 04

「紹介連鎖」があふれて止まらなくなる大義を伝えよ

紹介が紹介を呼ぶ「紹介連鎖型」の営業スタイルが確立できれば、一生安泰だ。

しかしながら、マーケットが広がらない営業マンからの「お悩み相談」は後を絶たない。

その原因はスキルの未熟さにもあるのだが、よくよく突きつめて分析してみると、自らの「想い」がお客さまへ伝わっていないという致命的な欠陥が浮き彫りになってくる。

そもそも、金儲けや出世欲のために協力してくれる人は、せいぜい親しい身内くらいのものだ。もしかすると、困っている可哀相なあなたに同情して、協力してくれる慈悲深い〝赤の他人〟もいるのかもしれない。

しかし、しつこいお願いスキルだけで長続きするほど、紹介営業は甘くない。

なぜなら、そこには「大義」がないからだ。

自らの使命や理念を伝えることができれば、それに共感したお客さまが、「ぜひ、あの人を紹介したい」「あの人のところへ行ってみたらどうか」と、紹介先を次々と教えてく

れるような協力者となっていく。

ちなみに、私が保険営業マンだった時代に伝えていた「大義」はこうだ。

「私は世の中の一人でも多くの方々を救いたいと思っています。一人でも多くのお客さまとそのご家族を守っていきたいですし、Ａさんの周りにいる大切な方のお役にも立ちたいと思っています。Ａさん自身もそうであったように、多くの方々は、ご自身に万が一何か不幸があったときに、本当に大切な家族を守っていける保険なのかどうか、保障内容を知らないまま加入されている方ばかりなんです。日本中の一人でも多くの方々に、生命保険の真実を知ってほしいんです。本当の重要性に気づいてほしいんです。まずは、正しい情報をお伝えしたいだけなんです。それが私の使命なんです！」

この〝布教活動〟を、私が広めずしていったい誰が広めるのか、という気概である。

その「想い」が本気なら、お客さまは紹介依頼を断ることはできない。なぜなら、お客さまにも「良心」というものがあるなら、「正義」を否定することはできないからだ。

そうしてすべてがうまく回り出せば好循環が生まれる。あなたを応援しようという協力者が現れ、ファンがあふれて止まらなくなるのだ。

正々堂々と営業に臨むからこそ、行く先々で〝共感〟を呼ぶことができるのである。

鬼100則 05

「重い要求」からどーんと突きつけろ

営業には、「落としどころ」というものがある。

適正価格だと思われる人気のBプランを勧めたいのだが、いきなり勧めると、どうしても押しつけのように思われがちだ。そこで、割高であるAプランを先に提案しておいて、その後、Bプランを提案し納得してもらうという、昔ながらの基本パターンがある。

たしかに、これは理に適っている。身代金の要求やお小遣いの賃上げ交渉も同様だ。

ではこれをもっと強烈に、なおかつ、**すべてのケースで応用してみてはどうだろうか。**

たとえば、紹介者の名前を3名出していただきたいとき。3名と言えど、なかなか簡単に3名の名前は出てこないものだ。そこで、

「ぜひとも、本日、ご紹介を20名いただきたいのですが、ぜひぜひぜひ、20名、いや、30名ほどご紹介ください！　よろしくお願いします！」

と**多人数という重い要求を突きつけてみる。**すると、

「いやいや、ちょっと待ってよ。30名って。えー、そんなに……」

と戸惑うことだろう。そこで、すかさず、

「ではまず、3人だけでけっこうです。ご紹介ください」

となれば、**お客さまは「3人という数」に負担を感じない。**成功率は上がるだろう。

と同様に、紹介先の方へ事前に電話を1本入れ推薦しておいてほしいとき。これまた、

「ぜひとも、紹介先の方のところへ、ご同伴願えませんか？　ぜひぜひぜひ、一緒に先方の会社まで行ってもらえませんか？　よろしくお願いします！」

と**同伴という重い要求を突きつけてみる。**すると、多忙な相手は戸惑うことになるだろう。そこで、すかさず、

「ではまず、電話だけでも。今かけてくださいませんか？」

となれば、**お客さまは「電話」を負担に感じない。**成功する確率はグーンと高まる。

もし、重い要求のほうが通ったのなら、そのときは心から感謝したらいいだろう。お客さまが受け入れてくれたのなら、お互いに万々歳ではないか。

駆け引きなしのストレートな正攻法が理想なのかもしれないが、**ときにはいい意味でのずうずうしさがなければ、高みの望みどころか、ささやかな望みさえも叶わない。**

鬼100則 06

「紹介入手7ステップ」を踏み人の輪を広げろ

マーケット開拓の王道、それは紹介連鎖型の営業手法だ。特に私たち営業マンにとって、そのスキルを極めることこそが、唯一の「生き残る道」であると言ってもいいほどである。ではここで、「紹介の鬼」と呼ばれた私が提唱する「紹介入手7ステップ」を伝授しよう。

ステップ1は、まず、購入の決め手になった理由を再確認してもらうこと。

最終的に営業担当者を信用したからこそ決断してくれたはずだ。もちろん商品のよさや手頃な価格設定も理由であったかもしれない。しかしここは、「あなたがよかったから」と言ってもらえるまで「他には何か理由はありませんか?」と、食い下がってほしい。

ステップ2は、「04則」で前述した通り、堂々と「大義」を伝えること。

これが伝われば、善意のお客さまはますます紹介依頼を断ることはできなくなる。

ステップ3は、どのような人を紹介してほしいのか、具体的にイメージしてもらうこと。

「誰か紹介してください」では、お客さまも困ってしまう。「儲かっている経営者」「仲のいいゴルフ仲間」「最近、結婚した友人」など、ターゲットを明確に伝えることである。

ステップ４は、イメージしてもらったその人の名前を聞くこと。

一人でも多くの名前を聞き出すためには、「ステップ３」と「ステップ４」をシンプルに繰り返していくことをお勧めする。「イメージさせ→名前を聞く」のリフレインである。

ステップ５は、紹介者のデータを一人ひとり聞いていくこと。

ひと通り名前だけを聞いた後に、連絡先などのデータを収集していかなければならない。

ステップ６は、先方へ事前に連絡をして「許可」を取ってもらう依頼をすること。

コツは「05則」で前述した例にもあるように、重い要求から突きつけると効果的である。

ステップ７は、途中経過を逐一、紹介元のお客さまへ報告すること。

成約完了後の報告では遅すぎる。マメに、アポイントの経過や、紹介先の反応など、紹介元のお客さまへ知らせる機会を増やせば増やすほど、さらなる応援を得やすくなる。

契約の申込には重要性も緊急性もあるが、紹介入手には、重要性はあれども緊急性はない、と思いがちだ。したがって、「また、今度でいいか」と後回しにしてしまう。

まるで息をするように、紹介依頼を当たり前のルーティンにしなければならない。それさえ強く意識できれば、「紹介の輪」は広がりを増すばかりである。

鬼100則 07

アポ取りトークは「バラード」を歌うように悠々と話せ

新規開拓のアポ取り電話が苦手だという営業マンは少なくない。

悲しいかな、本来の営業力や人間力など、お客さまに直接会えれば本領を発揮できるのに、その前の電話の段階で断られてしまうケースがほとんどなのだ。

アポ取りと言えば、マニュアル通りに用意されたスクリプトを読み上げ、同じようなマーケットへ同じトークでアポ取りをしているにもかかわらず、アポイントの取得率には大きな個人差が現れる。実はこのことからも、トークスクリプトの文言自体というのは、成功不成功の結果とはそれほど直結しないことがわかる。

では、いったい何が原因で個々の成功率に差がつくのか。**アポ取りが失敗する原因、それは不成功者に共通している「早口」であることは、もはや疑いようがない。**

しかも、いかにもよそよそしい〝営業っぽい〟単調なテンポで、声が裏返っている。

これでは「間に合ってます！」と一瞬で秒殺されるか、ガチャ切りで「ツーツーツー」

という音を聞くことになるのがオチだ。

意識して、ゆっくりゆっくりとしたテンポにスピードを落とすこと。そのリズムとともに、喉を使わず腹式呼吸で下っ腹から大声を出し、抑揚をつけることも忘れてはならない。

アンダンティ、フォルティッシモ、ピアニッシモを交互に繰り返しながら**「歌うように話す」**ことを心がけよう。サビの部分に差しかかったら熱唱したっていい。

そして**歌は歌でも「バラード」を歌ってほしい。**たとえ、電話をかけるのが初めてのお客さまであったとしても、鼻歌を歌うように、馴《な》れ馴《な》れしいくらいでちょうどいいだろう。友達や家族と接するように「いつも電話してますよ」というノリノリの感覚で話すとよい。

そのリズムのほうが、お客さまは話に耳を傾けてくれるものだ。

こちらがイニシアティブを握れるかどうかは、受話器をマイクだと思い込み、リラックスして話せるか（歌えるか）にかかっている。

バラードを歌って歌って歌いまくれ！　そして、アポ取りを楽しむのである。

ぜひあなたも、カラオケボックスに籠《こも》りきり、お気に入りのバラードを歌いながら、徹底的にアポ取りのトレーニングを積み重ねてほしい。

レッツ！　シンガーソング・アポインター！

鬼100則 08

アポイントを取りたいなら「目的を2つ」提示せよ

会いたい理由を本来の目的とは別にもう一つ設定し、お客さまの警戒心を和らげることができれば、アポイントの成功率は格段に高まる。

当然、会う目的の一つ＝最大の目的は「営業の話」をすることである。しかし、ただそれを告げるだけでは、**よくある売り込みであると誤解されやすい上に、お客さまとの攻防がストレスとなり、「テレアポ恐怖症」というメンタルブロックを起こしかねない。**

そこで、もう一つの「会いたい理由」を設定し、それを先に提案すれば、お客さまからの拒絶の壁も、自らのメンタルブロックも、すいすいと乗り越えることができる。

「実は、ゴルフを始めようと思っているのですが、ゴルフの上手な○○さんに相談したい」

「海外旅行に行きたいと思っているのですが、外国通の○○さんに聞きたいことがある」

「手作りのケーキを焼いてみたのですが、スイーツの好きな○○さんに味見してほしい」

など、**営業とは無関係のカジュアルな理由をもう一つ設定すればいい。**

とはいえ、それだけの理由では約束に重みがないので、お客さまに「メリットのある情報提供」をすることが目的であることも加えて、強調しなければいけない。

その際、心理学で言うところの第三者の影響力を利用して、関心を持ってもらうことだ。「○○さんのような△△の方々に」という切り出しから、さらに「大変役に立ったと喜ばれているお話なんです」と続ける。△△業界の方々、経営者の方々、主婦の方々、管理職の方々、公務員の方々、というように、**似たような属性の人たちが皆〝喜んでいる〟〝役に立っている〟のであれば、「もしかすると自分にも役に立つかな」**と考えてもらえる。

「２つの理由」を設定するだけで、貴重な時間を費やすに値することに加え、楽しさや気軽さも伝わる。**何よりも、お客さまと会ったときに「営業の話」を切り出しやすい。**

事前に本来の目的を告げずに営業のアプローチに入ろうとすると、「嫌な空気」が流れることがあるからだ。**相手からすれば「だまされた」という気になるのも無理はない。〝裏切られた相手〟は、心の中で「警戒警報のサイレン」を鳴らす。**それを察知したあなたは、それ以上踏み込む勇気が持てず、気まずい空気のまま「玉砕」していくのである。

どうかあなたも「目的を２つ」提示する〝断られないアポ取り〟へと、転換を図ってみたらどうだろうか。面白いように営業がうまく回りはじめるに違いない。

鬼100則 09

自分の「勝手な都合」でアポの日時を決めろ

最も多くの営業マンが陥っている悪癖であると同時に、**最もヘタクソなアポ取りの典型パターン、それは「いつ頃がご都合よろしいですか？」**という問いかけだ。

私は営業現場のオフィス内でそのトークを小耳に挟むたび、「アホか！」と叫んで頭を掻きむしりたくなる衝動に駆られる。相手の都合に合わせていったいどうするのか。

世の人々はそれほど忙しくはない。しかし、それほど暇でもない。相手の都合に合わせていたら効率のいいアポイントは取れないままだ。

なぜなら、**「来月になったら、また電話してみて」**とか**「スケジュールを確認して、またこちらから電話します」などと曖昧に逃げきられてしまう**からである。相手からの連絡など、まず来ないと思ったほうがいい。

仮にアポイントが取れたとしても、その約束は先のほうへ先のほうへと後回しにされ、結局は、忘れ去られるか、だんだん面倒になってきてキャンセルされてしまう。

相手にとって「優先順位の低い営業の話」に対し、積極的に時間を割いてくれるのは、暇を持て余している高齢者か、あなたに借りがある知人・友人くらいのものだ。

あなたが一生ローパフォーマーのままでいいというなら、そのまま相手主導のふわふわしたアポ取りを続けていけばいいだろう。

「いや違う、今すぐ営業成績をガンガン上げたい」

もしそう願うなら、金輪際、**相手の都合を確認することを止めることだ。**

自分の手帳を見て、空いている〝最短の予定〟から埋めてほしい。

それは明日なのか。明後日なのか。なぜ、明日も明後日もアポイント・ゼロであるという緊急事態なのに、「来週か再来週くらいで、どこかお時間をいただけませんでしょうか?」などと、愚かな問いかけをしてしまうのか。弱腰にもほどがある。

もはやそれは「営業」とは呼ばない。単なる「御用聞き」だ。

そもそもあなたと会うことは相手にとってロスなのだろうか。

いや、違うだろう。**どんな用事よりも、あなたのアポイントのほうが有益な時間になるという自信を持ってほしい。**

これからはもう、「申し訳ない」という媚びた営業スタンスを根底から変えることである。

鬼100則 10

会えるまで「二重拘束」を繰り返せ

「いつでも予定を合わせます」という低姿勢な口癖が愚かなのは、十分理解できたはずだ。

さて、ではいったい、具体的にどうやってアポイントを取ればよいのだろうか。

その答えは至極簡単、**アポ取りの締めくくりには必ず「二者択一」で候補日時を提示する「ダブルバインド法」で確実にアポを取ればいい。**これは「月曜日の午前10時と火曜日の午後2時でしたら、**どちらがよろしいですか？」と2つの時間に限定してアポイントを決める**だけなのだが、意外と多くの人が実行できないでいる。

どうやら「まだ相手が会うかどうか承諾してくれていないのに、どちらがいいですか、という問いかけは文法上おかしい」というのが、実行しない理由らしい。

なるほど、その通りだ。そう、**実はその通りであるからこそ、効果的**なのである。

たとえば知人と居酒屋で飲んでいるときに、「もう一軒、行きますか？　行きませんか？どうしますか？」と聞かれたら、「うーん、じゃ、今日は帰ります」と答えやすい。しかし、「次はカラオケに行きますか？　それともワインバーでもう一杯飲みますか？　どちらにしますか？」と聞かれれば、ついつい「じゃ、ワインバーで」と答えてしまうものだ。

「行きますか？　行きませんか？」という問いかけは、文法上「行きません」と答えやすい。

一方、「どちらがいいですか？」という問いかけには、文法上「行きません」と答えるのは不自然だし、言いづらい。どちらかを答えるのが自然な会話の流れである。

もしもアポ取りのとき、「両日とも仕事が忙しくてダメなんですよ～」と言われたら、その瞬間に相手はあなたと会うことを承諾したのも同然なのだから、喜んだ声を出して「ありがとうございます。では、水曜日の夜と土日でしたら、どちらがよろしいですか？」と聞き直せばいい。

また、日時を限定していくことで、こっちだって忙しいというアピールにもなる。

人気のない暇な営業マンに会いたがるお客さまはいない。だからこそ、堂々と「ここ」と「ここ」しか予定は空いていない、と指定するべきだ。

そもそも「会うか・会わないか」を決めるために電話するのではない。**「いつどこで会うか」を決めるために電話するのだ**と思ってほしい。

誰が何と言おうと、**「会うことはすでに決まっている」**のである。

二者択一、二者択一で絞り込んでいく「二重拘束」の繰り返しだ。

鬼100則 11

反論は「余裕綽々な笑顔」で受け入れろ

意識する意識しないにかかわらず、**お客さまという生き物は、常に営業マンの「正義」をセレクションしている。**そう、試しているのだ。

多くの営業マンがお客さまからの拒否や断りをストレスに感じるのと同様に、お客さまも、貪欲でしたたかな営業マンの「策略・謀略」と日々闘い、うんざりしている。「営業マンの都合のいいようにだまされたくない、強引に押し売りされたくない」という防衛本能が働いているのだ。

自らの「人のよさ」を自覚しているお客さまは、**うかつにも購入してしまい、あとで後悔しないようにと、甘い誘惑から、けなげにも身を守ろうとしている**のである。可哀相に、常にびくびく脅えていると言ってもいいだろう。

素直に営業を受け入れて「その気」にさせてしまうと、後々断りにくくなる。そうなる前に、口先だけの連中を追い払おうと、ギャフンと言わせるような反論で突き放し、入口でふるいにかけるのだ。あなたの純真な本気さが試されている瞬間でもある。

そう、お客さまもなかなかやり手である。**反論という予防線をあらかじめ張っておいて、それを見事に突破してきた勇気ある正義の使者＝営業マンにだけは、「商談を先に進めてもいいよ」というチケットを1枚ずつ発行してくれる。**

このとき、反論が恐いため、なるべく反論が出ないように商談を進めたくなる気持ちもわからないでもない。

しかし、**反論を封じ込めている間は、先に進むことはできない。**そうしてチケットを持たないまま、セールスプロセスの列車に乗ろうとするから、途中で降ろされてしまうのだ。だから、いつまでたっても契約という終着駅（ゴール）にたどり着けないのである。

反論を一つひとつ処理することができれば、お客さまの疑問も一つひとつ晴れていく。終着駅行きのチケットが1枚1枚発行されていくことになり、そのたびにゴールへと近づいていくわけだ。

だから決して「反論」を恐れてはいけない。たとえ意地悪で強硬な反論であったとしても、それは**単なる「質問」であったのだと解釈し、「余裕綽々な笑顔」で受け入れる**ことだ。

大切なのは、あなたが「試されているだけだ」ということを、正しく認識することである。

鬼100則 12

「ちょうどよかった」ですべての拒絶を処理せよ

追い返す口実にすぎない「嘘の反論」に対し、まだ何も伝えきれていない冒頭の段階でスゴスゴ逃げ帰っているようでは、まったく営業にならない。

主な反論パターンの具体例は、「間に合っている」「お金がない」「忙しくて話を聞く時間がない」「私には決める権限がない」「知り合いに任せている」「○○は信用できないから嫌いだ」とまあ、せいぜいこの程度だろう。

しかし、**これらの反論は、拒絶ではない。それどころか、質問以下の「挨拶」という解釈でいい。**にもかかわらず、あなたはそれを真に受け、いつもあきらめている。

ではここで、その**「撃退法返し」＝「魔法の反論処理」**を伝授しておきたい。

まずは、反論に対して、すぐに反論で切り返してはいけない。反論を否定せずに「ですよね〜!」「やっぱりそうですよねー!」「そのお気持ち、わかります〜!」と、肯定することである。**お客さまの反論はすべて賞賛し、喜んで受け入れる度量が必要だ。**

「信用できない」と言っているお客さまに対して、「いえいえ、大丈夫です。信用してください」と説得したところで、主張を全否定されたお客さまの機嫌を損ねるだけだ。だからどんなに理不尽な暴言でも、ググッと飲み込むことである。飲み込めば飲み込むほど、「魔法の反論処理」は威力を増していくからだ。

「あっ！」という感嘆詞を挿み、次に「ちょうどよかった！」と言って手を叩いてほしい。「断られたなんて思っていないよ」という、余裕ある態度が撃退しようとしたお客さまとの〝気まずさ〟を和らげ、互いの距離を友好的に縮めていく。まったく意に介さない寛大な心で、悪意のないお客さまからの威嚇射撃をかわしてほしい。「魔法の反論処理」が防弾チョッキとなってあなたを守ってくれるのだから、もう恐くない。

「あっ！　ちょうどよかった！」これが反論処理の号砲だ。そのまま間髪入れず、続けてほしい。「『お金がない』っていう方々に、大変役立ったと喜んでもらっているお話なんですよ」と。**どんな反論に対しても、すべてこのパターンで同じように切り返せばいい。**まだあなたは購入を勧めたわけでも何でもない。「まずは役に立つ情報提供のテーブルに着きましょう」という提案なのだから、お客さまの反論がそもそも〝早とちり〟なのだ。

この善意の解釈と反論処理をもってすれば、断る理由など一つもなくなるのである。

鬼100則 13

インパクトのある「自己開示」で道を開け

お客さまのことを知ることが営業の極意だと勘違いしている営業マンは、「聴くこと」や「ニーズを知ること」に躍起になっている。まあ、たしかに、それは基本中の基本なのだが、その前に大事なことを忘れていないだろうか。

それは、〝自己開示〟である。根掘り葉掘り探りを入れるような質問を繰り出す前に、あなたがいったい「何者」なのか、しっかりと相手に伝えきれているだろうか。

「痛い営業マン」がやってしまう失敗の代表例は、名刺交換をした途端に速射砲のように「会社の説明」や「商品の説明」をしゃべり出すか、または、機関銃のように「質問攻め」にすることである。おいおい、ちょっと待ってほしい。

そんなアプローチで相手は**もう一度「あなたに会いたい」と感じるだろうか。いや、会いたいどころか、何の印象も残らずインパクトもゼロ**だ。

むしろ悪い印象しか残らず、再度、連絡したところで「どこのどなたでしたっけ?」「何の御用ですか？」といった辛辣な対応で終わるのがせいぜいだ。

言っておくが、あなたがどこのどいつでどんな素性の者なのか、パーソナリティやキャラクター、主な経歴や何を目的に活動しているのかなど、名刺を渡しただけで、理解してもらえると思ったら、大間違いである。

その解決策はもはや明白、**あなたが「まず先に」心を開くこと**である。要するに、相手との距離を縮め、安心してもらえるような「自己紹介」をしろということだ。

きっと、あなたの人生にも、それなりの〝物語〟があるはずだ。

そのあなたの「マイストーリー（プロフィール）」を開示するのだ。

20文字以内にまとめたあなたのキャッチフレーズ、出身地や生い立ち、幼いころからの夢、愛する家族への思いやエピソード、情熱を注いできたスポーツ、ユニークな趣味や特技、熱い理念やビジョン、揺るぎないミッションや信条、人生を変えた座右の銘、「なぜ、今の仕事をはじめたのか」など、インパクトのある〝自己開示〟をしてほしい。

言葉で伝えるのが苦手な人は、写真入りのプロフィールシートやタブレット端末を開いて、身の上をオープンにするといいだろう。

あなたが先に心を開けば、その先の「道も開ける」に違いない。

鬼100則 14

褒めて褒めて「不安・不満」を引き出せ

購買意欲が起きるときとは、どのような心理状態なのだろうか。

その答えは**「現状に不満・不安」を感じたときだ。人はその瞬間「それを解決したい」と心から願う。そして、「買いたい」という欲求が生まれる。**この当たり前の原理原則が理解できていない限り、何も売れない。

家が古くなり耐震が心配だ。スマホ代が高いので機種変したい。エアコンが故障して蒸し風呂のようだ。スーツのサイズが合わない。家事をする時間がないのでピザを取りたい。

このように、不満・不安に気づいてニーズが「顕在化」されていれば、営業も容易となるのだが、**お客さまが不満・不安に気づかないまま、ニーズが「潜在化」しているケースの営業は難しい。**たとえば、明日の死など考えることのない若者に生命保険を勧める営業などは、その顕著な例だ。したがって、「不満・不安」を決して押しつけることなく、お客さま〝自ら〟が不満・不安に気づいてくれるようなアプローチが必要になる。

実は、**褒めれば褒めるほど、本当の「不満・不安」に気づいていく**という顧客心理を、あなたは知っているだろうか。**不満な点を指摘するとお客さまは心を閉ざすが、現状を褒めちぎると逆に愚痴が出てくる。**

「○○社さんは、大手ですし商品もアフターフォローも完璧で、まったく不満なんてないんでしょうねぇ」と聞けば、「いやいや、それほどでもないんですよ」という反応があるのが普通だ。「○○社は、商品もサービスも評判が悪いですよね」と聞けば、「いや、そんなことないですよ」という逆の反応があるのもまたしかりである。

相手が謙遜しはじめ、それが愚痴に変わるまで、ひたすら褒め続けることである。そのあとは、「と、おっしゃいますと?」「意外ですね～」「それから、それから」と、不平・不満・不安・文句・要望などを傾聴していくだけでいい。

とことん褒めれば褒めるほど、お客さまは「謙遜」というベールを被った〝本音〟を語ってくれる。そして、**お客さま自身の言葉で話せば話すほど、自らが不満・不安に気づき、ますますニーズ喚起されていく**というわけなのである。

北風のようなネガティブトークよりも、太陽のような暖かい褒め言葉で「建前」というコートを脱がすことができれば、その時点で営業の8割は成功しているのも同じことだ。

理想と現実の「ギャップ」を生み出せ

それはもう儚《はかな》いほど、世の中の人々の「理想」は実現していない。現実の世界は厳しい。人それぞれが問題を抱え、必死になってもがき苦しんでいるのだ。

幸福を感じている人は少ない。欧米人と比べて不幸だと感じている日本人が圧倒的に多い、というデータもある。人々のフラストレーションは爆発寸前だ。

しかし、**人々は耐え忍び、それでも平然と生きている。**いや、日々の生活の中で、「理想の暮らしなんて無理……」と心の奥底に希望を押し込んだまま、なるべく考えないように暮らしている。

厳しい現実の中で、いつも「自分が手に入れたいもの」や「なりたい自分」をあきらめ、〝考えない習慣〟がついているのである。

セールスプロセスにおいて、褒めることで不満・不安に気づいてもらうことに成功したら、次なるステップは、そのニーズを刺激してさらに飛躍させ、**理想と現実の「ギャップ」**

に気づいてもらうことだ。

ギャップをどれだけ生み出せるのか。そのギャップに気づかせることができればできるほど、また、そのギャップが大きければ大きいほど、そこには計り知れない営業チャンスが生まれる。そうなれば、**人間の欲求・欲望は果てしない。**

有名なマズローの断層説ピラミッドにもあるように、眠る食べるなどの生理的欲求、安心して暮らしたいという安全欲求、仲間と共に分かち合いたいという社会的欲求、人に認められたい褒められたいという承認欲求、そして、自らの理想を成し遂げたいという自己実現欲求、と私たちの本能はそれらを求めている。

さらに欲求を手に入れたその先のピラミッドの上には、人の役に立ちたいという「自己超越」欲求もある。

私たちセールスの王道は、ギャップを補い、その欲求を満たしてあげること。

それには、満足しきれていない現状を明らかにしてもらうことだ。

「健康」「グルメ」「老後」「マイホーム」「時間」「家族の幸せ」「趣味」「旅行」「利殖」「投資」「結婚」「学習」「転職」「独立」「プライド」「社会貢献」などなど。

あなたは、**人々の理想を叶えてあげることのできる救世主＝営業マン**なのである。

鬼100則 16

ペラペラしゃべらずに「インタビュー」で自尊心をくすぐれ

ハイパフォーマーの武器、それは「質問」を巧みに操る力だ。**営業の極意とは、お客さまの話したいことを連続して質問すること。**その鉄則を忘れないことである。

まだお客さまが「聞く態勢」になっていない段階であるにもかかわらず、いかに優れた商品なのか、いかに他社より売れているのか、などを延々と「説明」してはならない。

多くのお客さまは、あなたの退屈な話に我慢してつき合ってくれる〝大人〟である。ところが、あなたの期待に反して、もう二度と会ってはくれないだろう。

よって、あなたの**営業トークは「オール質問で構成」**するように切り換えてほしい。

第1ステップの初級者レベルでは、純粋にまずは一人の人間としてお客さまに関心を持ち、問いかけることだ。仕事のことはもちろん、家族のことや趣味のこと、プライベートなことでもかまわない。とにかく**「質問する」「あいづちを打つ」を繰り返し、ひたすら傾聴する姿勢を崩してはならない。**その際のあいづちは「いいですね」「すごいですね」「素晴らしいですね」の3つに限定すること。シンプルにその繰り返しでいい。

第2ステップの中級者レベルでは、**「褒め言葉」の代わりとして質問**を使ってほしい。たとえば、女性のお客さまだったら、単純に「お綺麗ですね」と褒めるより、「若さと美貌を保つ秘訣は？　化粧品のブランドは？　どちらのエステやジムに？　お母様も美人なのですか？」とお客さまが喜び、「はい、いいえ」では答えられない質問を5回以上〝繰り返す〟こと。それを習慣にすれば、必ずその中から興味関心の高い質問が浮き彫りとなり、核心的なテーマが見えてくるものだ。そうして聞けば聞くほど、距離も縮まる。

第3ステップの上級者レベルでは、**お客さまが〝本当に話したい話〟を「へぇ～、それからどうなったんですか？」「へぇ～、それはなぜなんですか？」と深掘りして質問**し、しゃべらせれば、徐々にお客さまが大切にしているアイデンティティが見えてくるはずだ。

あくまでも、お客さまの意思で一方的に話すのではなく、「あなたが聞いてくれた」「あなたが興味を示してくれた」その話題にお客さまが答えるという展開で、ささやかな自尊心を満たしてあげてほしいものだ。

明日からのあなたは**営業マンではなく、列記としたプロの「インタビュアー」**である。「1つ話したら5つ質問をする」その習慣を身につけようではないか。

鬼100則 17

答えに困ったら「宿題」を預かって帰れ

お客さまから難解な質問を受けることがある。しかし、私たち営業マンがいくらその道の専門家だからと言って、何から何まで知っているわけではない。

提案する商品と関連する「専門外」のマニアックな質問をされたときには、大いに困る。税金、不動産、金融知識、公的な手続き、法律、医療、保険、IT関連、他社情報、製造方法、メカニック、安全性、納期、事務ルールなど、業界業種によってさまざまだろう。

やはりこの場面、すぐにしっかり答えないと信用を失ってしまうのではと焦りに焦り、冷や汗があふれて止まらなくなった経験が、あなたにもきっとあるはずだ。

と同時に、こんな失敗をした経験はないだろうか。

「適当にごまかして逃げ切ろう」「曖昧にしてまるめ込もう」「知ったかぶりで封じ込めよう」など、いい加減な対応が見破られ、お客さまとの信頼関係に亀裂が入ってしまったことが、少なからずあったのではないだろうか。恥ずかしながら、若き営業マン時代の私にも似たような経験がある。

調子よくその場で成約に持ち込もうとする人にとっては、つい陥りがちな罠だ。

熱心に研究をした上で買い物に臨んでいるお客さまも少なくない。

そもそも、人間は何かを感じる生き物だ。背伸びをして適当なことを説明する営業マンを目の前にして、**不信感が募るのは当たり前だ。「何かあやしい」と肌で感じる**のである。

そうなってしまったら、もう取り返しがつかない。お客さまはいくら理屈では納得できたとしても、「何かがひっかかって」購入の決断をすることができない。

この状況を打開する策は〝我慢する〟しかない。**その場ですぐに答えを出さない**ことだ。

「念のため、持ち帰らせてください。大事なことですので、しっかり調べてからお答えさせていただきます」と、**〝宿題〟にして持って帰る**のである。

そうすれば、むしろ「信用できる人」「しっかりしている人」「真面目な人」「頼りになる人」「誠実な人」という印象を持ってもらえる。

しかも、**次に会える「口実」にもなるのだから、一石三鳥である。**

成約へのプロセスが停滞、または一歩下がると思いがちだが、決して遠回りではない。

常に宿題をいただく癖をつけておけば、チャンスは広がるばかりなのである。

鬼100則 18

締めくくりには次回の「予告編」を入れろ

映画の予告編を観ていると、どれもこれも本編を観たくなるように、本当によくつくられている。名場面や決めゼリフを絡めてうまく構成し、キャッチコピーも絶妙だ。
ここ最近に上映された映画の中から、いくつか「秀逸なフレーズ」を紹介しよう。
朝、目が覚めると、なぜか泣いている。そういうことが時々ある。見ていたはずの夢は、いつも思い出せない。（『君の名は。』）
米軍史上最多160人を射殺したひとりの優しい父親（『アメリカン・スナイパー』）
乗客5000人。目的地まで120年。90年も早く2人だけが目覚めた。理由は1つ――。（『パッセンジャー』）
「ボクの寿命は……5日間」（『チャッピー』）
家族を守る妻、自分を守る夫（『フレンチアルプスで起きたこと』）
耳の聴こえない家族の中、唯一聴こえる少女には歌の才能があった――（『エール！』）

155人の命を救い、容疑者になった男。（『ハドソン川の奇跡』）
天国の母から届くカードには、母の愛が生きていました。（『バースデーカード』）
猛吹雪の夜、ロッジに閉じ込められたクセ者8人。全員嘘をついている。見破っても、見破られるな。生き残るのは、誰だ！（『ヘイトフル・エイト』）
盗んだのは、絆でした。（『万引き家族』）
「はじめまして、私が殺人犯です」（『22年目の告白』）
いずれも、今すぐにでも観てみたくなるフレーズだったのではないだろうか。
ぜひあなたも、お客さまへの訪問時の締めくくりには、**次回訪問の目的やコンテンツを短くまとめたキャッチコピーにして、インパクトある「予告編」を実演してほしい。**
たとえば、私が営業マンなら「予告編」はこんなパターンになる。
「次回、お届けするのは3つだけ！〝サプライズ〟と〝感動〟そして、〝夢〟です！決して商品を〝売らない〟ことをここに誓います！プランの提案は何もしません！私は営業としてではなく、平凡な父親・ジャパン代表として〝インタビュー〟に伺います！」
お客さまは「余韻」とともに次の約束が楽しみになり、早くあなたに会いたくてたまらなくなる。アポイントのキャンセルやリスケが激減すること間違いない。

鬼100則 19

「家族データ」をとことんリサーチせよ

プレゼンをはじめる前に、忘れずに実施しておかなければならない大切なステップがある。そう、それは、**時間と労力をたっぷりかけた「ヒヤリング」**だ。

この段階でこそ、あなたの〝インタビュアー〟としての手腕が問われる。

特に、**お客さまのファミリーについては入念にヒヤリングを行うこと。**よほど複雑な家庭の事情を抱えていない限り、家族の話を嫌うお客さまはまずいない。むしろ、楽しそうに顔をくしゃくしゃにして話してくれるお客さまがほとんどだ。

最適なご提案をするために家族の情報を入手しておきたいというこちら側の思惑もあるにはある。しかし、それよりも**お客さまの人生にとって何が大切なのかという真実**に気づいてもらうのと同時に、**お客さまとの距離感を縮めるという狙い**もある。

これは、家、車、金融といった個人営業に限らず、企業担当者への法人営業であったとしても同様だ。**家族の話題はオールマイティに効果的**である。独身であっても、実家のご両親のことについて聞くことができれば、**その人なりのヒストリーが見えてくる。**もちろん、お子さまがいる方ならば、とことん深掘りしたいところだ。スマホに保存してある写真は、おそらく1枚や2枚ではない。数百枚、数千枚という人もいるに違いない。許される限りの写真を拝見し、「素敵ですねぇ」「幸せそうですねぇ」「赤ちゃんは女の子ですか？」などと、質問攻勢をかけるこの局面において、まったく遠慮はいらない。

恥ずかしながら、三姉妹の父親である私も「見せたい族」の一人である。

人によって照れ臭さの度合いはあったとしても、親として悪い気はしないはずだ。**それらの家族写真をきっかけに、根掘り葉掘り2時間ほどヒヤリングしていきたい。**

家族構成、それぞれの年齢、学年、部活、お稽古事、得意な学科、趣味、スポーツ、血液型、職業、マイホーム、結婚記念日、将来の夢、どんな子どもに育ってほしいのか、などの基本情報にはじまり、お客さまが興味・関心を持っていることすべてに、あなた自身も興味・関心を持ってほしい。決してパフォーマンスではなく、本気で目の前の一人の人間と、その人の家族、そしてその人の「人生」に心を傾けてほしい。

人というのは、**自分自身に興味・関心を持ってくれた人になら、興味・関心を持って心を開いてくれる**ものである。

鬼100則 20

「解決への使者」として商品を提案せよ

営業の本質とは何か。それは「売ること」によって、お客さまの「人生の問題」を解決することである。

お客さまの問題が解決しない限り、営業が成功したとは言えない。

もし、お客さまの問題が何も解決・改善されていないとしたならば、それはもはや「押し売り」の域を出ていない。営業マンサイドの都合を優先して、プッシュ型の「お願いセールス」になっているなら、一刻も早くその迷惑行為を止めることである。

ニーズのない商品を強引に売りつけたり、根性・根性・ど根性で何度も足を運び泣きついたり、断りきれないよう高価な贈り物をしたりと、お客さまがしぶしぶ購入された後で悔いるような営業を続けているとしたら、世の営業マンへのマイナスイメージが払拭されないのも無理はない。それらの風評被害こそが、さらに私たち営業マンの仕事をますます困難なものにしていくのである。

あなたは今、お客さまの人生の問題を次々と解決し、喜ばれている、役に立っている、感謝されている、と胸を張って言いきれるだろうか。

もしかすると、売り手側の都合よく、日々目をつぶり「妥協」を繰り返しているのではないのか。売り手側の利益を最優先させる実績重視の商売をしているのではないのか。

仮に、個人の善意の判断が許されないブラックな組織に所属しているとしたら、明日にでも足を洗い、早く〝堅気〟になることだ。

「解決策」として商品を販売する、それこそが営業の真髄だろう。

セールスチャンスは次のひと言からはじまる。

「何か困っていることはありませんか？」である。

あなたが直接解決できない問題であったなら、そのときは、あなたの広いネットワークを使って有力な営業マンを紹介し、人から人へ「解決の輪」をつなげてあげたらいいだろう。

そうなればもう、**今後あなたは見込み客に困ることはなくなる。**

あなたがライバルに差をつけたいなら、「解決への使者」となって尽力するのが賢明だ。

いつでもどこでも「解決！　解決！　問題解決！」するんだと、その意識を強く持って活動していきたいものである。

鬼100則 21

プレゼンは「グレイテスト・ショーマン」になれ

私の好きなアメリカ映画に、『グレイテスト・ショーマン』がある。

『グレイテスト・ショーマン』とは、最高にエキサイティングでスペクタクルなミュージカル映画だ。オープニングから全身鳥肌が立つほどの華やかでスタイリッシュなダンス、ダンス、ダンス。そして、ドラマティックなストーリーを彩るバラエティー豊かなナンバーに圧倒され、私の目も耳も心もスクリーンに釘付けになった。

外見や地位がどうであれ「ありのままに」そして「自分らしく」生きようとするメッセージを乗せた主題歌の「ディス・イズ・ミー（これが私）」には、誰もが心揺さぶれざるを得ないだろう。

何がこんなに人を魅了するのか。一度は鑑賞し、それを追求してもらいたい。

というのも、プレゼンとは、この『グレイテスト・ショーマン』のようでありたいと思っているからだ。

プレゼンに臨むあなたの心は、はたしてワクワクと躍って（踊って）いるだろうか。**スピーディーでテンポのいい展開はもちろんのこと、プレゼンが終わっても余韻が残るような演出が必要**だ。

ありのままのあなた、自分らしいあなた、そんなすべての生き様を、歌うように表現してほしい。そして、踊って踊って踊りまくるような楽しい演出で、営業への思いを語り、重要性を訴え、メリットを伝えてほしい。

そう、映画のテーマ曲「ディス・イズ・ミー（これが私）」のように、**「これが、私○○という営業マンだ！」という〝ミュージカル・セールス〟を展開してほしい**ものだ。

ありのままの自分をさらけ出さない限り、本当の〝表現者〟にはなれない。中途半端な照れ臭さは、相手をドン引きさせ、やがて、客足は遠のいていくことになるだろう。

プレゼンとは、まさに「人生賛歌」なのだ。

これぞ王道プレゼン・ミュージカル映画だと呼べるほどの「作品」に仕上げ、お客さまを大いに楽しませてあげることが求められる。

さあ、退屈なプレゼンはもう卒業しようではないか。

明日からのあなたは、グレイテスト・ショーマンであれ！

敢えて自虐的に「デメリット」を強調せよ

どんな商品にもプラス面とマイナス面があり、メリットもあれば、デメリットもあるのは当たり前だ。営業マンの中には、「なぜ、わざわざマイナス面を伝える必要があるのか」と、デメリットは絶対に伝えず、メリット一辺倒で押しきるという猛者もいる。

しかしその売り方では、営業成績は安定しない。やがて淘汰されていった営業マンたちを、私は星の数ほど知っている。

「正直さに勝るスキルなし」とは昔から言われてきた言葉である。本当にお買い得の商品なのか、本当にニーズを満たす買い物なのか、本当に今が購入する時期なのか、やはりお客さまには、「真実」を知る権利がある。

あなたは「正直さを売る」べきである。正直者のあなた自身が付加価値となる最適な商品を売ることが営業という仕事なのだ。しかし、メリット大魔王のあなたから、正直さがお客さまに伝わっているかどうかは疑問だ。ズバリ言えば「怪しい」のである。

あなたはいつも結論を後回しにしていないか。いつも言い訳がましく回りくどくなっていないか。いつも遠慮がちで控えめになっていないか。もし、一つでもあてはまるのなら、お客さまはそんな不明瞭なあなたを心から信じることができない。

つまり、**お客さまは真っすぐで裏表のない人が好き**なのだ。最終的な判断基準となるのは、あなたが「本当のことを言っているか、言っていないか」「嘘をつかない人かどうか」なのである。あなたが何かを隠していると感じた瞬間に、お客さまは「他社の商品も検討してみたい」と言い出し、決断を先延ばしにするだろう。

お客さまは、口の上手い営業マンに何度も丸め込まれた苦い経験を持っている「被害者」なのだ。もう後悔したくない。だから、営業マンの言うことを疑ってかかる習性がある。メリットをいくら強調したところで、かえって逆効果なのである。

よって、**デメリットを2つ以上提示し、そのあとに1つ大きなメリットを伝える「2：1の配合」が化学反応を引き起こし、好感度や信頼度をアップさせてくれる。**

メリットもデメリットもすべて伝えきった上で、「これ以上よその商品と比べたいなら、もうけっこうです」と言える気概を持ちたい。デメリットを強調する本音トークは、お客さまの警戒心を解き、営業マンの「良心」を後押ししてくれるのである。

鬼100則 23

「買わないわけがない」を信じて背中を押せ

失敗ばかりのローパフォーマーが冒されている病魔、それは「クロージング恐怖症」だ。目の前の見込み客がまた一人また一人と減ってしまうことを恐れてクロージングをかけられず、エンドレスのプレゼンを続けがちである。

もしかするとあなたは、お客さまからの「今、あなたから買うことに決めました」という気持ちのよい言葉をずっと待っていないだろうか。そうだとしたら、「検討します」という時間切れギブアップの合図を毎回聞くばかりの、永久に売れない営業マンのままだ。

さらには、買うか買わないかの意思確認もまた、売れない営業マンのすることだ。「どうしますか?」と迫られたら、「うーん、どうしよう。もう少し考えさせてください」と、結論を先延ばしにしたくなるのがお客さま心理というものである。

実はすでに「暗黙の承諾」はもらっているのだと思ってほしい。まだお客さまは契約にOKしていなくとも、OKしたものと勝手に解釈してしまえばいいのだ。

「提案している商品は意向に合っている」「金額設定もお手頃価格で納得済み」「会社やブランドも安心できる」「担当者であるあなたも気に入られている」のではないのか。もはや、**お客さまの意思を〝再確認〟する必要なんてない**のである。

プレゼンがひと通り終わったら「買いますか？　どうされますか？」という**ストレスのかかるクロージングはやめて、一足飛びに「契約後」の話題に終始すればいい。**「納品は休日と平日でしたらどちらがよろしいですか？」「支払いは現金にしますか？カード払いにしますか？」「どちらのオプションを付加されますか？」などを確認するだけでいい。**「本日は手続き方法について決めるためだけにやってきました」という自信に満ちた姿勢が必要不可欠**なのである。

そして、契約書（ペーパーレスの場合はタブレット端末）を黙ってお客さまの目の前に置き、**黙ってペンを差し出すだけ。**これだけのいたってシンプルなクロージングでいい。たしかに目の前のお客さまはまだ「買います」とは言っていない。しかし「暗黙の承諾」を貫き、背中を押してあげるのもあなたの役目。どんな困難な局面であっても、**「お客さまが私から買わないいわけがない」という思い込みと圧倒的な自信を持つべきだ。**

あなたの威風堂々とした自信満々の態度に、お客さまは引き込まれるのである。

鬼100則 24

「クライマックス」には静かに幽体離脱せよ

私たちの業界には、大昔から「ゴールデン・サイレンス」というセオリーがある。

それは、クロージングの段階でしゃべりすぎてしまい、逆にお客さまを惑わせてしまう失敗続きの営業マンに対する〝戒め〟の言葉でもある。そう、「沈黙は金」なのだ。

プレゼンですべてのトークと戦術を出し尽くしたならば、もうそれ以上、畳みかけないほうがいい。それをやると、お客さまは余計に混乱して迷うからである。

だからこそ、**ここぞのクライマックスには、静かに「考える時間」をお客さまに提供してあげてほしい。**ここは、じっと我慢である。

お客さまから先に、口を開くまでは、決して話しはじめてはいけない。

夫婦喧嘩と同じである。罵り合いのバトルに疲れ、長い沈黙が続いた後には、ほぼ間違いなく、先に口を開いたほうが負けだ。「歩み寄るような言葉」や「謝罪の言葉」を話しはじめるはずである。面白いことに、営業の最前線においても、同じことが言える。

沈黙のときを破ったお客さまが発する言葉は、大抵が好意的（ゴールデン）である。

また、夫妻や親子など、複数名の決定権者を前にした場合は、一旦、静かに席をはずすという方法も効果的だ。

たとえば、「**ちょっとトイレをお借りできますか？**」と、関係者だけの密談タイムをつくってあげるのだ。予算のことや家庭の事情など、**営業マンの前では口にできないことを相談しやすいように配慮してあげることも**必要なのである。

席に戻ったときには、何らかの結論が出ていたり、成約へと一歩前進した質問が出てくるケースも少なくない。マイナスの「運気」は、トイレに流してきたと思えばいい。フレッシュな笑顔と新たなマインドで最終ラウンドに向かうことができるはずだ。

その他にも、「**すいません。一本だけ急用の電話をさせていただいてもよろしいでしょうか？**」と許可を得て、一旦外に出てもかまわない。

さらには、かなり高等テクニックではあるが、沈黙の最中に手帳を見ながら、「目の前の方々の会話は聞こえていませんよ～」という、すっとぼけたゼスチャーで、目の前の人たち同士が相談しやすい空気を醸し出すのも手だ。

そう、**静かに「幽体離脱」する**のである。

鬼100則 25

契約後2週間以内に「レビュー」を実行せよ

最も嫌われる営業マン、それは契約が完了したら最後、お客さまへの興味・関心を失い、売りっ放しでもう二度と訪問しないという〝ゲンキンな奴〟だ。

これでは、誠実なアフターフォローを信じて購入・契約してくれたお客さまが可哀相すぎて泣けてくる。釣った魚には餌を上げない、とは本当にひどい話である。お客さまが裏切られたと感じるのも、無理はない。

しかしながら、**このような「裏切り行為」――、営業の世界では珍しくない。世間から見たときの一般的な営業マンのイメージでもある**だろう。

営業マンがどれだけ饒舌に説明しようとも、お客さまがなかなか決断してくれないのは、「きっと、口先だけに違いない」と思われてしまうからである。

とするなら、そのスタンスを極端に変えることこそが、**他の営業マンに対して、大きな差をつけるチャンス**ではないのか。

「私は売りっ放しの無責任な営業マンではありませんよー！」と**具体的な行動でアピールし、証明すればいい。**口先では信用してもらえないのだから、とにかく「行動」あるのみだ。**契約締結後には、〝例外なく〟すべてのお客さまに対して、2週間以内に「再訪問」を実行し、〝レビュー〟を実施する**のである。

レビューとは、復習、点検、講評、精査、報告、評価、回顧、批評、再考、評論、審査、概観、意見、調査などの意味を持っている。

後日、落ち着いたところで、改めて、契約内容や不明点などを確認したり、付加されているサービスやオプションについての解説、難解な約款の説明、不備・故障があった場合の対応など、契約前までに詳しく説明できなかったことに加え、契約時の説明を丁寧に再確認すれば、より理解度が深まるだろう。

「こんな営業マン、今までいなかった」と、お客さまに言ってもらえるレベルのレビューを実施してほしいものである。

そうすれば、あなたへの**信頼度が増すことはもちろん、紹介入手や追加契約も容易になる**のではないだろうか。明日からのあなたは、もはや単なる営業マンではなく、誠心誠意フォローを繰り返す**「レビュアー」であると名乗ってほしい。**

第2章

Actions
～鬼戦術～

絶対に出世が出来ない人間には二種類ある。
一つは言われたことが出来ない人。
もう一つは言われたことしか出来ない人だ。

アンドリュー・カーネギー

最高を望み、最悪に備えよ。

ジェフ・ベゾス

怖いものに目をつぶるから怖いんだ。
よく見れば、怖いものなんかあるものか。

黒澤明

鬼100則 26

すべての人を理念で「洗脳」せよ

私自身は無宗教・無宗派であるが、その熱心すぎる働きぶりを見る周囲の者たちから「早川教」の教祖様だと揶揄されることがある。

そんなときは「私の熱い想いが伝播している証明だろう」と、褒め言葉として解釈しているが、**営業の原点は、まさにこの「想い」を伝える布教活動**であると思う。

自分は何のためにこの仕事をはじめて、何のために営業をしているのか、何のためにお客さまに会いに来たのか。そして、何のために生まれてきて、何のために死んでいくのか。

それを真剣に伝えきれなければ、お客さまから選ばれ続けることはない。

私の「想い」に対して、それは綺麗ごとだと鼻で笑う者がいたら、たとえそれがお客さまであろうと私は遠慮なく憤る。自尊心を傷つけられた上に、それでも相手にへつらって頭を下げていると、ますます自分が惨めになっていくからだ。

大切な「プライド」を捨てた瞬間に、自信も音を立てて崩れていくのだろう。自分を卑下した営業マンほど弱々しく頼りないものはない。マイナスオーラを発している営業マンには誰も近づきたくないものだ。

あなたの想いが本物ならば、心の歪んだ人や意地の悪い人でない限り、それをバカにしたりしない。本物だからこそ、否定できないのである。

あなたが逆の立場であってもそうなのではないだろうか。

真剣な人は受け入れたくもなるし、応援したくなる。一方で、中途半端で軽薄な人はからかいたくなるし、ましてや大きな買い物などを託すことはできない。

常にお客さまはあなたを観察している。**そこに「理念」はあるのか、そこにインティグリティ（高潔さ）はあるのか、**本気で〝理念を貫く〟営業マンだけが売れ続ける。

自分自身を繰り返し洗脳していくことこそ、ブレない営業マンとなる王道なのだ。

「布教営業活動」の結果として、飛躍的に契約者（＝信者）が増えれば、社内での評価も高まり出世していく。右肩上がりに収入も安定していき、社会的地位も向上していく。

もちろん家族は大喜びで、あなたの株も上がっていく。そしてますます家庭内には笑顔があふれて止まらない。あなたは日々、幸せを実感できるようになるのだ。

そう、まさに、**信じる者は救われる、**のである。

ビジョンをキャッチフレーズに掲げ「口ぐせ」にしろ

「理念＝あるべき姿」の洗脳が浸透したら、次は「ビジョン」を口ぐせにすることだ。ビジョンとは、今さら言うまでもなく、あなたの**「目指すべき姿」**である。

「私の未来はこうなる」というポジティブなビジョンをキャッチコピーに掲げ、「口ぐせ」にしてほしい。これからは、**「幸福な未来を創る言葉」**だけを使って活動していくのだ。

たとえば、私が外資系生保で名古屋支社長を務めていたときには、「10冠王を獲得し、外資系生保ナンバー1支社となる」というビジョンを掲げ、それをキャッチフレーズにして唱えていた。「10冠王」「10冠王」「10冠王」と朝から晩まで叫び続け、「10冠王ポスター」まで作成して、支社内に掲示していた。

するとどうだろう。**どん底で弱小だった私の支社は、やがて全国のコンテストで、本当に10の主要項目すべてが第1位**になってしまった。その項目というのは、目標達成率、換算保険料収入、契約件数、個人生産性、MDRT※数、入賞者占有率、在籍数、新商品売上、

※ Million Dollar Round Table の略、トップ数%の生保営業が集う世界的な組織

継続率、すべて全支社中トップとなった。しかも、断トツの成績でぶっちぎりだった。

今、振り返ってみると、「ビジョン」がキャッチフレーズになったことによって、**営業マンたちの「口ぐせ」となり、言霊のパワーが１００倍に膨れ上がる奇跡**であった。

言葉にはプラスのパワーもあれば、マイナスのパワーもある。口にする言葉によって、あなたの営業マン人生を１８０度変えることも可能になる。だから決して、プラスの言葉以外は使ってはいけない。

特にマイナスの言葉はエスカレートしていくから要注意だ。「不吉な予感」や「縁起の悪い心配事」なども口にしてはいけない。言葉に発すると、それらは自分自身の潜在意識へと跳ね返ってきて、「最悪の現実」を引き寄せてしまうから気をつけてほしい。

うっかりマイナスな言葉を口に出すたび、自分を不幸にするための〝行動〟が始まる。

お客さまの悪口に同調するネガティブな同僚とつき合い、モチベーションを下げる。

会社への誹謗中傷ばかりの日々を過ごして信頼を損ない、左遷される。

ダーティーな噂の絶えない取引先だとわかっていながら不正に関与し、失職する。

というように、マイナスな言霊パワーは、あなたの営業成績にブレーキをかけるだけでなく、不幸へまっしぐらの人生となっていくのである。

売るその前に「自分自身」を完全に説得しておけ

採用面接官を務めることの多い私は、面接試験の場で、「人を説得するときに大切だと思うポイントは何ですか？　3つあげてください」と質問することがある。

すると、どれだけ豊富な営業経験を持つ候補者であったとしても、彼らから本質を突いた答えが返ってくることは、ほとんどない。

最も多い回答は、「聴くことです」「ニーズに応えることです」「メリットを伝えることです」などといった至ってつまらないポイントばかりだ。私はそのとき「まったくわかってないなあ」と思う。その程度では、凝り固まった人の心を翻意させることはできない。

お客さまを説得し納得させたい、考えを改めさせたい、テコでも動かない頑固な心を動かしたいと、本気でそう思うのであれば、**お客さまを説得する前に、まずは自分自身を説得しておくこと**である。

そもそも、自分が気に入っていないもの、自分が好きではないもの、自分が素晴らしいと思っていないもの、それらを本心から勧めることなどできるだろうか。**冷めた心で売り込んだところで、賢明なお客さまにとっては、すべてお見通しだ。**

少なくとも違和感を抱くはずである。「何かピンとこないから、買わない」という判断を下すだろう。だからと言って、「どこよりもリーズナブルな価格で、どこよりも有名なブランドで、どこよりも人気があって、どこよりも優れた商品であればもっと売れるのに……」という言い訳を繰り返す営業マンは、自分の無能ぶりを露呈しているだけである。

そのように**誰でも黙って売れるものが売れたからと言っても、それを「営業」とは呼ばない。**高い値段に相応しい商品というものがある。無名のブランドでも確かな品というものがある。他の人には人気がなくてもその人に合った商品というものがある。たとえどんな商品にも、欠点はたくさんあるにせよ、何か一つくらいは「光るもの」があるはずだ。

あなたがお客さまへ自信を持って勧めることができるよう、心底好きになれるまで研究を重ね、その商品の「売り」を見出すことだ。そして、**あなたがいつも売っているのは「最高の商品」であると、自分自身に対し〝営業〟をかけておくことが欠かせない。**

「お客さまのために、私は何が何でもこの最高の商品を売る。売らないことは〝悪〟であり、売ることが〝善〟なのだ」と、自分で自分を完全に説得しておくことである。

鬼100則 29

商品を売るな「人生」を売れ

やりがいを楽しめない営業マンは、営業という職業を、商品の特徴や優位性を説明し、お客さまがほしいものを販売する〝作業〟だと思い込みがちだ。それでは、仕事がマンネリ化し「つまらない」のは当たり前である。

営業マンが売るものとは、単なる「商品」ではなく「価値」であることを忘れてはならない。**価値の数というのは、お客さまの数だけ存在する。**

一人ひとりのお客さまが何通りもの価値を求めているとするなら、営業マンが扱う商品やサービスは、それが掛け算され、無限大になる。

したがって営業活動が単調になることなど、あり得ない。バラエティー感覚あふれる楽しい日々となるはずだ。幸福感なども人それぞれであるし、健康、家族、趣味、お金、時間、名誉、人間関係など、大切にしている価値観も異なっている。

そして、**一つひとつの価値は大きく膨らむ。機能としての価値は変わらないが、「意味」**

としての価値は大きく変わるのだ。あなた次第で無限大に膨らませることができる。

たとえば、定年後の初老夫婦に豪華客船での世界一周旅行を販売するとしよう。

彼ら夫婦は、人生の晩年に夫婦水入らずで世界中を旅することで、感謝の気持ちを互いに噛みしめながら熟年愛を育み、素敵な思い出をつくりたいと思っているはずだ。

飛行機や列車の旅では体験できない、客船だからこその「価値」を伝えるのが営業マンの役割となる。まさに**「人生の思い出」の1ページ1ページを丹念に売っていく**のである。

だからと言って、価値の押し売りは、愚かな過当競争の産物でしかない。あなたがこだわっている商品やプランニングが、お客さまにとっても重要であれば、正真正銘、立派な価値になるが、もしそれが食い違えば価値にならない。

「お客さまにとっての価値が価値」なのであって、営業マンであるあなたにとっての価値は、お客さまにとっては関心のないガラクタ同然になる可能性もつきまとう。

本当の「価値の価値」に気づいた営業マンだけが「勝ち（価値）組」になれるのだ。

私たち営業マンは、お客さまの人生の夢実現に役立つ値打ちのある商品を、大満足の上で購入してもらうこと、そこをゴールと定めるべきだ。

営業マンとは、**「人生」を売る仕事**なのである。

鬼100則 30

「担当者の付加価値」をオプションにして売り込め

「ライバル社に商品で勝ったとしても、いずれ商品で負ける」とは、昔からよく言われてきたことだ。

商品のよし悪しでしか勝負できない営業マンは、自分ではどうにもならない性能の優劣や不毛な価格競争に翻弄され、伸び悩み、やがては行き詰る。彼らの言い訳はいつも決まって「商品のせい」オンパレードである。

しかし、**いつまでも商品に頼ってばかりいるようでは、営業マン本来の実力がついていかない。**「商品力の強いメーカーほど〝営業力〟が弱い」という定説は、営業の世界ではもはや常識中の常識だ。

たしかに商品の差に有利不利があることは否めないし、商品力というのは大きなアドバンテージとなるにはなるが、それは絶対ではない。

時代による流行りすたりにも左右されず、他社のブランド力や価格設定に影響を受ける

ことも なく、常に営業成績を上げ続けたいと思うならば、営業マンとしての「自分自身を最高の商品」として買ってもらうことに尽きる。

要するに、**自分という「付加価値」をどれだけ高く売るか**にかかっているのだ。

「情熱」を売り、「信頼」を売り、「人間力」を売るのである。

どうにもならない商品性に頼ってばかりで苦労するくらいなら、無限に優位性を磨くことのできる「自分自身」を育て、その武器を使って売り込んだほうが確実に近道だ。

自分自身という最高の「特約」や「オプション」がついている商品はどこにも売っていない、という気構えを持つことである。それはどこを探したって見つからない。どこに行っても買えない。それほどに希少価値があると信じてほしい。

あなたはそのようにして、自分自身の付加価値を提供するべきだ。なんと言っても、あなた自身が放つサービスは〝無料〟である。担当者である営業マンの付加価値が高ければ高いほど、コストパフォーマンスは上がっていき、お客さまの行列は永遠に続いていく。

「あなたに任せたい」と思わせることができれば、商品自体のよし悪しや価格などは単なる最終チェックにすぎなくなるのだ。

唯一無二の最高の商品、それは「あなた」なのである。

鬼100則 31

SNSを合言葉に見込み「回転率」を上げろ

営業マンにとって必要不可欠な行動特性とは、優秀なアスリート同様の「スピード&チャージ」であろう。たとえ自分の行動に消極的な兆候が表れたとしても、**すぐにそれを察知してアクセルを踏み、スピードを加速することのできる営業マンだけが勝ち上がっていく。**正真正銘のチャレンジャー体質だ。

ローパフォーマーは、決して**能力が「低い」のではなく、ただ単に行動が「遅い」だけ**なのだ。ハイパフォーマーが1カ月で達成できる目標を2カ月かけて達成しているだけであり、1週間で終える仕事をグズグズと2週間かけているだけなのである。

鈍いフットワークにブレーキをかけているのは、正体の見えない恐怖心だ。できるだけ断られないよう断られないようにと、慎重で弱腰な「受け身の営業」を追求している。

とにかく、**何事も後回しにしたい。今日できる電話でも明日にしたい。今週できる訪問も来週にしたい。できる限り先に延ばして、結局、営業をしないで済ませたい**のだ。

しかも、相手は恐怖の亡霊なのだから、事態は深刻だ。「しつこいと思われないよう、また今度にしておこう」と、うじうじとした遠慮をいつまでもやめない。

これでは、**大切なお客さまが失われていくだけでなく、いつまで経っても〝ネクスト〟へ進めず、「回転率」が上がることはない。**それでいて、自分は気配りのできる「誠実な営業マン」だと思い込んでいるのだから、開いた口が塞がらない。

大きな成果を上げたいなら、断られない営業を目指すより、スピードを上げて目の前のやるべき仕事を一刻も早く終わらせることだ。成功しようが失敗しようが、一喜一憂している場合ではない。そもそもダメなものは誰がやってもダメなのだ。

スピード決着がついたあとの合言葉は、「さあ、ネクスト！」「リ・スタート！」だ。

やはり今の時代、「Speed・Next・Start」の**「SNS」**が大事なのである。

あらゆる商売の収益率の要がスピードと「回転率」であるなら、セールスプロセスにもスピードと「回転率」が欠かせない。**一つひとつの扉を閉めなければ、一つひとつの扉は開かないのだ。**

スピード&チャージの姿勢で、次々と仕事を終わらせることである。

もう一つの「未来への扉」をこじ開けるために。

鬼100則 32

「失敗リスト」をつくり半年ごとに訪問せよ

「失敗は成功のもと」であることを裏づけた科学的なデータに基づき、活動することができれば、**〝断られる勇気〟**も湧いてくるものである。

それには必ず、最後の別れ間際にお客さまへひと言、**「もう一度、半年後に、ご提案させていただいてもよろしいでしょうか？」**とつけ加えておくことが絶対条件だ。

たとえば生保営業の場合、**断られたお客さまの内の15パーセントのお客さまが「半年後の再アプローチ」で成約に至る**という根拠を、膨大なデータからはじき出した会社がある。

断られたお客さまの分母が１０００人だとすると15人が成約に至る計算になる。ということは、２００人だと30人、１０００人だと１５０人、２０００人に断られると、なんと３００人が新たなお客さまになる計算だ。とするならば、**一度断られたくらいで見込み客リストから完全に消し去ってしまうのはもったいないではないか。**

言われなくても、「熱心に再アプローチしている」という人も多いだろう。おそらく、苦手なタイプの相手は除いて、感覚に任せてふと思い出したときや、成績に困ったときに連絡する程度には、再アプローチしているのかもしれない。

しかし、気まぐれに2カ月後にアプローチしても「しつこい！」と嫌われるだけだし、2年後にアプローチしたところで「あんた誰だっけ？」または「もう他社で買ってしまったよ」ということにもなりかねない。だからこそ、すべての断われたお客さまに対して、漏れなくきっちりと「半年後」に訪問してほしいのだ。

半年も経てば、環境に変化が訪れるものだ。「結婚することになった」「家族に不幸があった」「昇格・昇給した」「忙しい時期が過ぎて、検討する余裕ができた」「知り合いの営業担当者が突然退職することになった」というように、人生に変化はつきものだ。

半年後の「成約のチャンス」をイメージして〝失敗〟を締めくくらなければならない。

戦略的に「断られたお客さまリスト」の管理を徹底し、定期的な訪問システムを構築してほしい。そうすれば、**断られれば断られるほど、お客さまは増えていく**、ということになるではないか。大切なのは「一旦、断られておけ」ということである。

さあさあ、どんどん失敗してほしい。うまくやれ、と言っているわけではないのだ。

もはや、恐れるものは何もない。

鬼100則 33

期待を上回る「マメ男（女）」になれ

営業に向いている人を例えるとき、私は「女性のような男性か、男性のような女性がいい」という表現をよく使う。どちらにしても、**男性的な「たくましい大胆さ」と女性的な「優しい繊細さ」が同居している人がいい。**

ここで言うところの「繊細さ」とは、ナイーブさというよりも「マメさ」であると強調しておきたい。大胆な積極性もときには大切な適性であることに間違いはないが、常にお客さまのハートをわしづかみにして離したくないなら、「マメさ」を極めるに限る。

ちなみに、私の本名は「早川勝（まさる）」であるが、通称「早川マメる」とも呼ばれてきた。そう、それくらいマメである、ということだ。その「マメさ」が、私の営業マン人生において、どれだけアドバンテージを得たのか計り知れない。

マメさを極めるポイントは、３つある。

一つ目は、忠誠心、二つ目は、リアクション、三つ目は、読心術、である。

「忠誠心」というのは、「そりゃもう、どんなわがままでも言うことを聞きますよ」的な姿勢である。

実際のところ、何でも言うことを聞けるわけではないし、聞くべきでもない。しかし、そこは営業マンである。忠実に心酔しきっているパフォーマンスを貫き、できる限りの要望に応え、お客さまからの信頼を勝ち取りたいものだ。

「リアクション」というのは、反応の早さから始まる一連の行動である。

最も嫌われるのが「口先だけの営業マン」である。その正反対を行動で示すのだ。とにかく、即効で回答を出し、失敗は素早くリカバリーし、クレームには真摯に応えていく。

「読心術」というのは、常にお客さまが何を考え、何を望んでいるのか、常に心の中を読み取る習慣をつけることである。かゆいところに手が届く、「先回り、先回り……」というホスピタリティこそが、マメ男（女）の真骨頂だろう。

この３つのポイントを意識し、**お客さまの「期待値」をいかにして上回るのか。**それに尽きる。上回って上回って上回ったその動きに比例して、あなたの営業成績は伸びていく。

「そこまでしてもらったら、もう断れないでしょ」と言わせるまで、マメ男（女）を極めることである。

鬼100則 34

積極的に甘えて「もたれ合い」の関係をつくれ

最近の若手営業マンは、お客さまに「甘える」のが下手だ。遠慮がちに一定の距離を保っている。しかし、それではまだお客さまとの本当の信頼関係は築けない。

甘えることができる間柄とは、**相手の存在を承認した上で、自分の本音も出せる関係**だ。よって、お客さまに甘えるためには、**ある種の「自信」が必要**となる。甘えることは弱さではない。むしろ、**甘えたいのに甘えられないことのほうが弱さ**なのだ。もっとお客さまの前ではずうずうしく振る舞いたいものだ。それが本来の自然な姿だろう。

定番の成功法則に「ギブアンドキブの精神が大事だから見返りを期待してはいけない」という説がある。私もそのとおりだと思う。しかし、**さらに進化したお客さまとの信頼関係においては、ギブアンドテイクの「テイク」を優先したい。**

甘えのテイクアンドギブでいい。それこそが、営業活動を自然体で楽しむ奥義《おうぎ》なのだ。お互いにテ・イ・ク・ア・ン・ド・ギ・ブ・を・極・め・れ・ば・、「も・た・れ・合・い・の・信・頼・関・係・」が・生・ま・れ・る・。お互いを思いやり助け合うことが前提の美しい関係よりも、**甘えたり甘えられたりという一見して見苦しい「もたれ合い」の関係こそが、大人の信頼関係**なのである。

だから、甘えられないお客さまとの関係は「まだ成熟していない」という証拠だろう。いい意味でお客さまを利用していくという姿勢も悪くない。その代わり、相手の甘えも認めてあげなければならないし、それをあなたが不快に感じるのならば、真の信頼関係は成り立たない。それでは単なる自己チューである。

「依存は弱い人間の証」と思い込み、カッコつけているあなた。もっとお客さまに甘えてほしい。別人格のアンデンティティが違うことを認めた上で、**お客さまの好意をあてにしたり、依存したりすることも大切な能力**なのだ。

お金がないときは、素直になってお客さまから奢ってもらえばいいではないか。

困ったときは、お客さまのところへ押しかけ、相談に乗ってもらえばいいではないか。

人手が足りないときは、お客さまに手伝ってもらえばいいではないか。

お客さまが自分のために貢献してくれることを期待してつき合ってもいいのだ。自分の欲求に素直になり、お客さまとの「甘えのキャッチボール」を楽しむべきだ。

そうやって、**お客さまとの〝大人の友情〟を築き上げていく**のである。

「空気」を読むな

空気は読むべきではない。空気は自らがつくるものだ。

もちろん、「周囲への気配りや心配りが大切だ」ということを否定しているわけではない。周囲への一定の配慮は必要だ。しかし、あまりにもびくびくと気を使いすぎて、空気を壊さないよう壊さないようにと、自分を殺してはいないだろうか。

なぜあなたは、いつも周囲の発言に歩調を合わせ、受け身の姿勢を崩さず、じっと我慢しているのか。

得てして、周囲に「空気づくり」を委ねているときには、無責任な気持ちが働いている。他人に責任を押しつけ、自分はリスクを取らないずるい生き方だ。

周囲に対する配慮は「単なる遠慮」を通り越した「無責任な白紙委任」なのである。それではあまりにも情けないではないか。

どうか常に、空気をつくり出すのは「自分自身」であってほしい。それはリーダーシップと言い換えてもいいかもしれない。そのように**自ら率先して空気をつくってくれる人物に、人は引き寄せられる。**だからそこに、お客さまも引き寄せられてくる。

あなた自身がじっと空気のように存在感を消して、いったいどうするのか。営業マンというのは、目立ってなんぼ、である。

周囲への過度な配慮もいらないし、空気も読んではいけない。

自分が吸って「おいしい」と感じる空気をつくってほしい。濁っている空気、澱《よど》んでいる空気、息苦しい空気の中で暮らしていれば、それこそ、あなたの営業マン人生には「窒息死」が待っている。

これからはもう、「空気」を読んではいけない。いわゆる「いい意味でのＫＹ」でいいではないか。

自分中心のおいしい空気をもっと大切にしてほしい。

「自分は世界の中心で生きている」という圧倒的な想いがあれば、何を遠慮する必要があるだろうか。

ＫＹを極めた者だけが、幸せな営業マンの領域にまで昇りつめることができるのだ。

「世界の中心で〝Ｉ〟を叫ぶ」のである。

鬼100則 36

バカ丁寧すぎる「敬語」を使うな

「最近の若者は敬語の使い方がまったくなっていない」などと偉そうに説教するつもりはさらさらない。ただ、正しい敬語を使える若手ビジネスマンにはあまりお目にかかったことがないし、**尊敬語と謙譲語の使い方を間違えたり、二重敬語になっていたりと、へんてこな日本語になっている営業マンは少なくない。**

「ゴルフをやられるのですか?」「ゴルフをおやりになるのですか?」といった間違った敬語をよく耳にするが、それを言うなら「ゴルフをされるのですか?」だろう。「やる」という乱暴な言葉が敬語に使えると思い込んでいる。

「お召し上がりになりますか?」などという誤った敬語を使っている営業マンもいる。「召し上がる」という尊敬語に「お」をつけると二重敬語になってしまうことを知ってか知らずか、何のためらいもなく口にしている。

「どちらにいたしますか?」という使い方も間違いだ。「いたす」という謙譲語はお客さまを下にするへりくだった表現となり失礼となるため、この場合は尊敬語の「どちらになさいますか?」と言うのが正しい。

このような例を挙げるとキリがないが、まだ若い彼らを責めたところで早急な改善には無理がある。しかし、お客さまから「常識がない」「教養がない」「経験がない」と思われてしまうことはマイナスでしかないだろう。

であるなら、**はじめから無理をして、敬語なんて使おうと思わない**ことだ。

さすがに、お客さまに向かって「ため口」というわけにもいかないだろうが、**最低限の丁寧語、つまり「です、ます」調で話せばいい**のでないだろうか。そもそも、へりくだり過ぎた敬語は、よそよそしいだけでなく、わざとらしさや厭《いや》らしさを与えてしまう。

そして何より、**お客さまとの距離を遠く感じさせる**ばかりだ。

「～するんですか?」「～食べますか?」「どちらにしますか?」というフレンドリーな問いかけでいいのではないだろうか。語尾に「ね」や「よ」をつけて話してもいいだろう。

そのほうが、信頼を損なうリスクも少なく、かつ、自然体で接することができる。

敬語は敬語でも「軽語」でいい。たった今から敬語は封印だ。肩の力を抜き、軽やかにコミュニケーションを楽しもうではないか。

鬼100則 37

「ええかっこしい」はやめて弱点をさらけ出せ

釈迦やガンジーなど歴史上の偉人賢人は別格としても、現世にはもはや完璧な人間など存在しないと言っていいだろう。もしも、周囲がパーフェクトな人間ばかりに見えるとしたら、それはあなたのコンプレックスが引き起こす大きな錯覚である。

もういい加減に、**完璧な人間を装うことはやめにしてほしい**。なぜなら、あなたが完璧主義の亡霊にとり憑かれ、完璧を目指そうと思えば思うほど、お客さまとの距離は離れていくからである。

虚勢を張り、背伸びをしたところで疲弊するだけだ。いずれボロが出て、お客さまからはそれを見透かされてしまう。所詮、隠し通すことはできない。

「ええかっこしい」の世界から抜け出せない営業マンは、もはや滑稽だ。隙のないスマートさを装うあなたに対し、お客さまの心が開くことはない。

お客さまと親密な関係を創りたいと思うなら、むしろもっと隙を見せて、自らの弱点を

さらけ出し、ファンを増やすことである。

ときには恥ずかしい失敗談を笑い話にして伝えてみるのも人間的だ。知らない情報をお客さまに尋ねてみたり、苦手な分野は頼ってみるのもいい。お客さまの目の前で悔し涙や感動の涙を流すのも悪くない。

営業マンである前に、一人の血の通った人間である。その泥臭さを見せたほうがいい。**人というのは、わかりやすい純朴な人を好きになるのであって、何を企んでいるかわからない気取った人間には心を開かないもの**である。

こうして私も半世紀以上生きてきたが、やはり弱点だらけの未熟者だ。よって「アンチ早川」も数知れない。しかし、ありがたいことに味方も大勢いる。

そもそもすべての人たちから支持されようなんて思ったこともない。１００％嫌われない完璧な営業マンを目指していたら、逆に応援団は誰もいなくなってしまうからだ。

嫌われないように嫌われないように生きていたら、たしかに嫌われないかもしれないが、結局、誰からも好かれることはない。

なりふりかまわず、すべてオープンに弱点をさらけ出す嘘のない営業マンのことを、お客さまは好きになるのである。

鬼100則 38

わがままに「あと一歩の踏み込み」を意識しろ

自分を殺して「はいはい」と迎合し、お客さまの言いなりになっている半奴隷のような営業マンは少なくない。しかし、「好かれたい」という自我を捨てなければ、本当の意味でお客さまから好かれることはない。

仮に相手から不当な要求や理不尽な振る舞いがあったとしても、「まあ、それはよくあること」と、**自然体で受け入れつつも、ふたたびあと一歩踏み込んでいける姿勢こそが、結局、大きな成果へとつながっていく**のである。営業マンとしての誇りを持ち、思うがままに自己主張していけば、ときには相手からの強い反発に合うのは当然だ。

この抵抗を受け入れられるか受け入れられないか、それこそが営業マン魂の真価が問われる試金石となる。それらの食い違いを寛大な心で飄々と受け止めて、お互いの「誤解のピース」を一つひとつ埋めていくのが、トップセールスマンの醍醐味ではないのか。

我慢することなく自分自身に正直な言動を繰り返し、自分を好ましい人間に見せようとしないときにはじめて、相手から好かれるようになるのだ。つまり、**後ろめたさや心の葛藤、矛盾がない状態**だ。そんなバランスの取れている状態の営業マンを、お客さまは好きになるのである。

お客さまは「わかりやすい営業マン」が好きなのだ。好かれる営業マンと好かれない営業マンの根本的な違いは、自分に正直か、自分を偽るか、ただそれだけのこと。

もうこれからは「いい人」を演じることをやめることだ。**自分の中の「いい人」を捨て、自分の中の「いい人」を追い出してしまおうではないか。**相手に受け入れてもらおうという努力はせずに、あくまでも自然体で、正直に思っていることを伝え、その結果「嫌われてもかまわない」、そんな態度で接してほしい。

明日からのあなたは、相手からの承認を得る努力をやめることで、逆に多くの承認を得ることができる。

だから、「**わがまま」でいい**のだ。もっともっとナチュラルで正直な「大人のわがまま」を押し通したいものである。

成功をもたらすためには、**嫌われたくない消極性より、嫌われてもいい積極性を選び、「あと一歩」踏み込むこと**である。

鬼100則 39

「売ってあげる」でいい卑屈になってペコペコ媚びるな

もしも、ペコペコと頭を下げてばかりの「営業マンみたいなドクター」がいる病院があったとしたら、あなたは診察してもらいたいと思うだろうか。

ニコニコと愛想がよく、「ありがとうございまーす！」「よろしくお願いしまーす！」という明朗かつ低姿勢な対応で、検査や処方箋を勧めてくるドクターなんて、やはり信用できない。

このようなペコペコと媚びたドクターに診てもらいたい患者さんがいないのと同様に、**媚びた営業マンからモノを購入したいというお客さまもいない。**本来、頭を下げてお礼を言うのは、患者さん＝お客さまのほうである。ドクターはひと言「おだいじに」でいいのだ。

ドクターにとって「治すこと」が目的＝仕事であるように、私たち営業マンは「売ること」が目的＝仕事である。

本来のドクターは、病気や怪我で苦しんでいる患者さんを救うため「あなたのために治す」という使命感で働いているはず。まさに「治してあげる」のである。

営業マンの使命感も同様に、「売ってあげる」でいい。**「あなたのために、売ってあげる」のである。「買ってほしい」という態度は不信感を生むが、「売ってあげる」という態度は信用度をアップさせる。**今日からあなたも、「買ってほしい」という媚びた営業スタイルを改め、「売ってあげる」という堂々としたミッションを貫徹してほしい。

とはいえ、偉ぶった上から目線の態度でお客さまに接しろと言うつもりはない。もちろん、マメな気配りや最低限のマナーが必要であることは言うまでもない。

だからと言って、ペコペコと卑屈になって媚びる必要はないだろう。

お代をいただく「お客さま商売」は同じであっても、ドクターのように「おだいじに」と堂々とした態度を取ったほうが、信用されるのだ。いい意味での高飛車な態度が、お客さまにとって「頼りになる人」という安心感を生んでくれるのである。

そもそも、営業マンの「売るもの」とは何なのか。

それは、お客さまに対して、**快適さを売り、満足を売り、問題解決策を売り、利便性を売り、安心を売り、幸せを売り、「人生の夢を売る」**のだ。

〝媚びを売る〟必要はまったくないのである。

鬼100則 40

「売れている営業マン」を演じきれ

「あなたにずっと営業担当者でいてほしい」とお客さまに言ってもらえたときというのは、まさに営業マン冥利に尽きる、それまでの苦労が報われる至福の瞬間だ。

お客さまというのは、気に入った営業マンが退職することなく、契約後も責任を持ってフォローをしてくれ、ずっと親身に相談に乗ってくれることを期待している。**お客さまは購入した瞬間から弱い立場なのであって、そこからはもう営業マンが頼り**なのである。

その反面、売り逃げのように手のひらを返されてしまうのを恐れている。なぜなら、過去に幾度となく、売りっぱなしで消えていく営業マンの「背信行為」にあっているからだ。

だから、**お客さまは購入を検討する最終段階で、「この営業担当者はすぐ辞めるタイプなのか、辞めずに長く勤めるタイプなのか」、それを判断材料にしている**のである。しかもそのプライオリティはかなり高い。

では、お客さまから見た「辞めない営業マン」というのは、どのように映っているのだろうか。それは、**「売れている営業マン」**だ。**売れている営業は辞めない、と思っている。すぐに仕事を辞めてしまうのは「売れない」からだと、肌で感じているの**だ。

実態もその通りだ。売れないから辞めるのである。

一方で、「売れている営業マン」は、ますます「売れ続ける」ということになる。

「売れるから売れる」という単純明快な〝真理〟である。

では、売れない営業マンが売れる営業マンになることはできないのだろうか。

いや、解決策はある。お客さまから「売れている営業マン」に見えるような振る舞いを心掛ければいいだけ。売れている「演出」ならできるはずだ。**売れている営業マンのフリを続けていけば、いずれは本物の「売れる営業マン」になれる。**

ではいったい、具体的にどんな心構えで活動すればいいのか。

その秘訣を伝えよう。それには、まず３つの誓いを立ててほしい。

「私は、死ぬまでこの仕事を続ける」「私は、お客さまを守り続ける」「私は、一生涯、営業を楽しむ」という確かな思いこそが、お客さまを引きつけるのだ。

「いつか辞めたい」と思いながら働く営業マンと、「いつまでも辞めない」と思って楽しむ営業マン。お客さまに選ばれるのはどちらの営業マンなのか、もはや自明の理である。

鬼100則 41

できないことはキッパリ「できない」と言え

簡単に「安請け合い」してしまう、というのも弱気な営業マンの特徴の一つだ。

とにかく、お客さまは神様であり、その要望は絶対であると、何でもかんでも請け負ってしまうわけだが、**結局その行為は、自分で自分の首を絞めることになっていく**のだ。

できないことはできない、とわかっているはずなのに、その場しのぎで調子のいい発言を続け、結局のところ、「約束を守らないダメな営業マン」とか「信頼できない無能な営業マン」という烙印を押されてしまうのである。

仮に、かなり無理をすれば要望に応えられるとしても、周囲をも巻き込んで相当の時間と労力を注ぎ込み、あげくの果てには利益が出ない、というケースも起こり得る。

それでいて、お客さまからは仕事が遅いだの、予算が割高だのと文句を言われるケースもある。できる限りの要望に応えようと頑張ったところで、まったく割に合わない。

そんな非効率・不採算であることなど、わかっちゃいるのに、人のいいあなたは、お客さまの要望を断ることができない。

ここでもまた「お客さま第一主義」「顧客本位」というスローガンを勘違いしているのだ。**できないことははっきり「できない」と言える〝肝っ玉の太い営業マン〟こそが、本当の意味で、お客さまとの関係を大事にしている人である。**

いい、い、い、決してお客さまは神様ではない。あなたも神様ではない。お互いに不完全な人間同士なのだ。しつこいようだが、対等の関係なのである。

さらに、「安請け合い」がエスカレートしていけば、あなたの断われない弱さが、コンプライアンス違反などの不祥事をも引き起こす可能性を秘めている。

「それくらいいいよね？」という悪魔の問いかけに対し、「あっ、は、はい、だ、大丈夫です……」という不適切な対応でお茶を濁す。**ダーティーな魔の手は、「心の弱さ」につけ込んでくるのが常套手段だ。悪魔は「弱気」が大好物**なのだ。鼻がよく効くのである。

くれぐれも気をつけてほしい。あなたに悪気はないのはわかっている。しかし、常に安易な選択（不正）をしてしまうリスクと背中合わせであることの自覚が必要だ。

さあ、まずは、断わり文句を練習しようではないか。

あなたの身を守ってくれるのは、「できません」のひと言なのである。

お客さまに好かれるまで「好き」になれ

愛すれば、愛される。嫌いになれば、嫌われる。

これは、人間関係の摂理だろう。**愛されたい、もっと愛されたいと、いつも愛を求めているる人は、結局、誰からも愛を享受することができない。**

同様に、振り向いてほしい、契約がほしい、応援してほしい、とお客さまからのバックアップに期待したところで、あなたの望む結果は得られない。

だから、あなたは余計に焦る。焦って焦って、強く求めはじめる。

しかし、お客さまはあなたの思い通りには、決して動いてくれない。

もし、お客さまを魔法にかかったように自由自在に操りたいと思うなら、言わずもがな、あなたのことを理屈抜きに「好き」になってもらうしかないのだ。

大ファンの応援団長＝お客さまが増えていけばいくほど、あなたの営業マン人生は最高潮に達するだろう。**「あんたの勧めるものなら何だって買うよ」という関係**だ。そうなればもう笑いが止まらない。ときに、そんなイケイケどんどんで邁進している羨ましい営業マンを見たことがあるはずだ。彼らがすごいのは、知識やスキルが高いからではない。それだけでは、長い間に渡り、順風満帆な営業マン人生を謳歌できるわけがない。**お客さまから愛されるわけは、彼らの「愛する力」だ。お客さまを好きになる能力である。**

こちらが「好き」にならなくては、相手はこちらを好きになってはくれない。だから、**お客さまに好かれるまで「好き」になること**だ。それしか道はない。

人間は「愛する力」を持って生まれてきた。あなたも本来、愛する能力を兼ね備えているはずだ。ただ、それを十分に発揮できていないにすぎない。

では、どうすれば、好きになれるのか。誰にでもできる初級者編を伝授しておきたい。

それは、**あっけらかんと告白すること**である。どんな人間でも、一つくらいは好感が持てる点があるものだ。「○○さんのこんなところが好きなんです」と、口に出して伝えるといい。すると、これまであまり意識していなかった相手であっても、「ああ、自分はこの人のことが好きなんだ」と思えてくるから不思議だ。

恥ずかしがらずに、「愛」を口に出してみようではないか。

そうすれば、**あなた自身が実は「愛の人」だったことに気づく**はずだ。

鬼100則 43

ときには数字から離れて「ありがとうの声」を集めろ

私が支社長として、ある支社の組織改革を任されたとき、私がはじめにメスを入れたことは、「売らなくていい」という命令だった。「しばらく営業成績を上げることは考えなくていい」という方針を打ち出したときには、皆、目を丸くして驚いていた。

特に前任の支社長が「数字だ、数字だ！」「売れ、売れ！」とパワハラまがいの恫喝をする鬼軍曹タイプだったため、なおさら、相当なインパクトがあったらしい。

我が支社の「売るな指令」の噂を聞きつけた本部の役員からも、慌てて電話がかかってきた。「そんな無茶な方針を打ち出して、本当に大丈夫なのか」と。

もともとが成績不振のチームである。たしかに〝大きな賭け〟ではあった。数字への執着をなくして目標を追わず、ますます弱気な営業マンを育てることになるのでは、と。正直に言えば、そんな不安もあった。

しかし、私は躊躇《ためら》わず、**「どうすれば、お客さまから感謝されるのか」それだけを考え**

て行動しろ、と指示した。数字を集めるよりも、どれだけの「ありがとう」を集められるかを競わせた。毎日の朝礼で発表する時間をつくり、全員でシェアし合った。営業会議を廃止した代わりに開いた「感謝のワークショップ」という勉強会も活況を呈した。

そんな極端な意識づけが奏功し、やがて**「感謝を集める営業」は、チームの新しい文化となっていった**のである。

するとどうだろう、本当に**「結果」はあとからついてきた。**まるで、どんよりと暗雲が立ち込めていた環境下に、ぱぁーっと青空が広がっていくように、支社内の景色が一変したのだ。「売らない意識改革」は成功したのである。

ただ、改革とは言っても、彼らは決して大きく変わったわけではない。**彼らは大切なことに気づいた**のだ。優秀な営業マンになるための条件とは、**「善意」の気持ちでお客さまと接することに尽きる、それこそが、最も〝大切な営業ツール〟になる**のだ、と。

この話が、あなたにとって、そらぞらしい綺麗ごととして伝わっているのであれば、この先も一生、狩猟型の営業スタイルが改善されることはないだろう。

いずれ獲得した獲物の賞味期限が切れ、飢える時期がやってくるかもしれない。

そのときあなたを救ってくれるのは、「ありがとうの声」であることを思い出してほしい。

お客さまを先に「勝たせろ」

私が外資系生保で営業をしていた頃、「SAP」という営業成績の指標があった。「修正（Syuusei）Annualized Premium※」の略で、歩合給を計算するための数値だ。コンテスト表彰や昇格査定なども、すべてその「SAP」が基準になっていた。

結果だけがすべての世界である。営業マンたちは、「Premium（保険料）」をどれだけ獲得するか、血まなこになっていたのだが、私はその「SAP」を「（S）幸せを（A）与えた（P）ポイント」と呼んでいた。

単なる売上数値でなく**「お客さまにどれだけの幸せを与えたか」を示す数値であるという解釈だ。「必勝」の意味は、「必ず勝つ！」ではなく、「必ず勝たせる！」**であったのだ。

その信念が、私に最高・最大のモチベーションを与えてくれた。**「SAP」が、私の人生にも〝幸せのポイント〟をもたらしてくれた**ことは、言うまでもない。

「立身出世したい」という貪欲な野心や、「収入を増やしたい」という金儲け主義のため

※ Annualized Premium　年換算保険料

に営業に励んでみても、所詮、得られる成果は一時的でしかない。目先の競争や報酬だけが目的では、心が消耗してククタに疲れ果て、やがては限界がやってくるものだ。

たしかに、営業目標を達成するために気合いと根性でガツガツ働くことは、悪いことではないのかもしれない。私はその姿勢自体を完全否定するつもりはない。しかし、目的はすべて自分のためという営業マンが、お客さまから信頼されるわけもないだろう。

お客さまからの**期待を上回る思いやりを提供し、いつでもどこでも先に与える、勝たせる生き方を身につけることだ。そうすれば、大きな見返りとなって必ず返ってくる。**

しかし、決してすぐに目先の見返りを期待してはいけない。**心からのサポートとは、見返りを期待しないこと。**お客さまからのリターンがいつ来るのかわからなくても、与え続けなければならない。

与えた相手からは直接返ってこなかったとしても、巡り巡って別の人からの恩恵があるかもしれないではないか。時間が経ち、忘れた頃になって返ってくるのかもしれないではないか。与えることのできたあなたへのご褒美は、遅れて届くこともあるのだ。

「いつか返ってくる」と信じて、与え続けること。それを信じ抜ける人だけが、本当の「ＳＡＰ」を得ることができるのである。

鬼100則 45

二つ先のセールスプロセスを「想像」しろ

「ついつい悪い想像を働かせてしまい、不安になる」というマイナス思考の中で苦悩し、成績低迷が続いている営業マンは数知れない。

彼らは〝**理想のアプローチ**〟**を心のスクリーンに描く**ことが苦手だ。

「どんなに都合のいい想像を膨らませようと、君の勝手なんだよ」と、私がどれだけ忠告しても、彼らは、ネガティブなイメージの牢獄からなかなか脱出することができない。

ではここで、とっておきの「**フライング・イマジネーション**」を伝授しておく。

たとえば、情報提供とニーズ喚起のファースト・ステップでは、セカンド・ステップでヒヤリングに成功しているシーンを。セカンド・ステップでは、サード・ステップでプレゼンや契約に成功しているシーンを。というように、先のステージを想像してみてほしい。

そうして達成したいゴールの一つ先でも二つ先でも、いや、三つ先でさえもイメージできるようになると、すべてのプロセスがどんどんうまく運ぶ。達成するのが当たり前すぎるくらいに当たり前、と自分勝手に都合のいいイメージを描けばいい。**お客さまは、あなたの「当たり前の想像力」に吸い寄せられる**のだ。

人は無意識のうちにストレスから逃れようとする習性がある。営業マンが疑ってかからずに信じきっていることを、お客さまだからと言ってそれを拒絶することは、大きなストレスになる。だから、そのストレスを回避しようとする。

つまり、**いっそのこと受け入れてしまったほうが楽だ、と考える**のである。

そう、思い込みの強い人は売れ続ける。「都合のよいイメージ」によって、頭の中で一回はゴールを達成しているのだから、そこでの〝経験〟は現実の世界でのナビゲーターとして大いに役立つ。**頭の中で予行練習した〝結果〟は現実の世界でもう一度達成される**のだ。

要は、ゴールテープを切る達成感を二度味わえることになる。そうなると、一度目の「都合よくイメージ」した達成感がどれほどリアルなものになるか、それが成功のカギを握る。

バーチャルな世界からリアルな世界へといざなう「**VR（バーチャル・リアリティ）ゾーン**」に身を置くまで、想像に想像を重ねていかなければならない。

どうかあなたも「フライング・イマジネーションの達人」を目指してほしい。

想像力はすべてを凌駕するのである。

鬼100則 46

「感動劇場」の幕を上げろ

あなたの「泥臭さ」「人間臭さ」を十二分に発揮してほしい。

目指すべきは、究極の「感動セールス」だ。何度も前述してきたように、あなたが売るのは「商品」ではない。「担当者である自分」が売れるようになり、「人生の価値」が売れるようになったら、その次に売るのは、そう、「感動」である。

感動の涙であふれた商談の場となれば、それはもう大成功したも同然だ。

そのためには、「共感する」ことはもちろん、「思いを伝える」という姿勢が大切となる。

第一条件として、お客さまが涙を流したのであれば、もらい泣きする〝共感力〟が必要であり、先にあなたが涙を流したってかまわない。いや、むしろそうであるべきだ。

同時に、**あなたの〝身の上話〟をはじめてもらいたい**。自らの出生の秘密や生い立ち、幼い頃の思い出、思春期の頃の両親との確執、祖父母を亡くしたときの喪失感、初めて子どもが生まれたときの感激、そして、あなたのパートナーへの深い愛情。

お客さまへの思いと共に、身内への思いも、遠慮することなく伝えてほしい。

このように感情を込めた**自己開示することで、「感動劇場」の幕を上げることができる。**

だからこそ、幕上げのこの段階で商品を勧めたらアウトだ。プレゼン・クロージングは「感動劇場」がクライマックスシーンに差しかかってからでいいのである。

強引に商品を売り込むことなく、**お互いの人生に共鳴し合い、家族愛を語り合い、「こんなに泣いたのは初めて」と言われるまで、徹底して「感動を売る」**ことだ。

商品説明しかできない営業マンは、どこか醒《さ》めている。舞台上で役に感情移入できないヘタな大根役者と同じである。ただ、役者だからと言っても、決して嘘を演じてはいけない。心の底から本気で伝えきるのである。

契約に至ったとしても、それはいわゆる一つの小さなゴールであって、まだまだ最終ゴールではない。単なる通過点であり、新たなスタート地点に立っただけなのだ。営業担当者の役割は、まだほんの少ししか果たしていない。**どんな思いでそのあとも引き続きお客さまと関わっていくのか。「その思い」を始めに伝える必要がある。**

真に心を揺さぶる感動を伝えきれる営業マンこそが、お客さまから選ばれ続けることになるのだ。論理で働きかけるのではなく、心理に働きかけようではないか。

鬼100則 47

お客さまの「ご近所さん」に販路を広げろ

簡単に新規の見込み客が倍々に増えていく、とっておきの「奇策」を教えよう。

営業の訪問先というのは、それが個人のお客さまであれば、ご自宅であったり、勤務先であったり、または法人のお客さまであれば、オフィスであったりすることだろう。

あなたが初めてのアポイントをもらったときであっても、迷うことなく、訪問先の場所を正確に把握し、問題なく先方へたどり着けるに違いない。

しかしときには、路地が立て込んでいたり、土地勘がない場所であれば、方向感覚を見失うこともあるはずだ。そんなときにあなたは、近所の商店の人や、地元の人に道を尋ねるのではないだろうか。

そう、そこで、新規セールスの奇策なのだが、**訪問先の場所を確実に把握することなく曖昧なまま、あえて、その近所のお店などへ、「〇〇さんのお宅はどちらでしょうか？」「〇〇社はどちらかわかりますか？」と、尋ねてみてほしい**のだ。

すぐ近所であれば、答えてくれる確率が高いし、別に答えてくれなくてもかまわない。**本当の目的は、訪問先への営業活動が終わったその帰り道に、またそこへ立ち寄る口実をつくるため**である。

「先ほどはありがとうございました。おかげさまで、○○さんのご自宅がわかり、お約束の時間に間に合いました」

「助かりました。すぐに○○社の場所がわかりました。本当にありがとうございました」

などとお礼を言って頭を下げつつ名刺を出して、「実は私、こういう者です」と名乗り、アプローチのきっかけにするのである。

そのときはひとまず、挨拶程度で終わったとしても、つかみはＯＫだ。

おそらくあなたは、当初の訪問先へはこれから何度か足を運ぶ機会があるのではないだろうか。まだまだ2度3度とセールスプロセスが続くのが一般的であろう。また、保全活動やフォローでの訪問もあるはずだ。

であれば、**チャンスはまた訪れる**ことになる。

このアクションを習慣にすれば、新規開拓のマーケットはますます広がっていくことだろう。早速、試さない手はない。

正々堂々と「サボれ」

「もっと営業成績を上げたい」と願うなら、正々堂々とサボることを推奨したい。どれだけ働き者であっても、ハードワークを続けていれば、いずれ限界がやってくるものだ。タイミングよくガス抜きすることが、高いパフォーマンスを維持するためにどれだけ大切かを、優秀な営業マンほど本能的に理解し実行している。彼らは、**サボることに罪悪感など持っていない。後ろめたさを感じることなく、堂々と遊び、サボっている。**

だからこそ、やるときはやる。集中して働く。

中途半端な営業マンは、いったんサボり癖がついたら最後、ダラダラと止めどもなくサボり続け、そのヘタレな自分の姿を正しく認めようとしない。**仕事をしているのか、仕事をしていないのか、いつも区別があいまい**なのだ。

傷を舐め合う居酒屋での交流を「会議」と呼び、ウインドウショッピングを「マーケティング」と呼び、長時間にわたる居眠りを「健康管理」と呼び、カフェでのマンガ読書を「学習時間」と呼び、スマホでのゲーム遊びを「トレーニング」と呼び、二日酔いによる体調不良休暇を「充電」と呼ぶ。そうやって、すべての行動を巧妙に正当化している。

言うまでもなく、これらは「自己欺瞞」だ。大事なのは、**「自分は今この時間、本気で休養している」という解釈へ変えることである。でなければ、挽回が利かない。**

仕事中に現実逃避するのはもうやめてほしい。「うーん、次の休日はどこへ遊びに行こうか。そうそう、週末は誰と飲みに行こうか。そういえば、夏休みの旅先はどこにしようか」と、こんなふうに、本来の営業目標から目を逸らしている場合ではない。

そうかと思えば、気分を切り替えなければいけないオフタイムに、「どうしよう、成績が上がらない。悔しい、ライバルにまた先を越された。困ったな、このままでは上司に怒られる」と、いわゆるスランプ状態に悩んでいるのではないのか。あなたの頭の中は休むことができないまま休日を過ごし、余計なストレスをため込むのだろう。

仕事中には休日のことは忘れ、休日には仕事を忘れること。

正々堂々とサボることこそが、確実な成果を生み出すということを知っておくべきだ。

オン・オフのバランスが絶妙に取れている営業マンは、いつの時代も永遠にハイパフォーマーであり続けるのである。

鬼100則 49

「テキトーな計画」でいい とにかく走り出せ

「プラン」がなければ何も始まらない。計画・目標が大切であることは、もはやここで私が論ずるまでもないだろう。

しかし、計画が大事だからと、いつまでも「ああでもない、こうでもない」と机上の空論の中で逡巡し、実行に移せないという輩《やから》がいる。本当に残念というしかない。

私たちは営業の世界で生きている。ともすれば、**計画通りに運ぶことのほうが稀**だ。そもそも、お客さまという相手のあることである。頭で考えた計画通りに進むくらいなら、はじめから苦労しない。

よって、誤解を恐れずに言えば、計画なんてものは「テキトー」でいいのである。まずは動いて動いて動いてみて、その結果、どうにも計画通りに進まないと判断したときには、「リプラン」をかませばいいのだ。**リプラン、リプラン、リプランの嵐で進めたほうがうまくいくこともある。**

たしかに、完璧な計画を初志貫徹で実行し続けることは理想的であるし、プランを変更してばかりいると迷走してしまうケースもあるのだろうが、計画に縛られすぎて動けなくなるほうが恐い。結局、営業マンは「動いてなんぼ」の世界である。

おそらくあなたは、**理想的なその計画を、遥かかなたの遠くに見ているのではないだろうか。だから、動けなくなる**のだ。途方もないゴールを掲げすぎて、一歩も動けなくなるくらいなら、「動きたくなるリプラン」に立て直さなければならない。

なんと実は、ずっと高いところに感じる計画達成、難解だと決めつけている問題解決、困難に思える不振脱出、そのための**ヒントはあなたの足元に落ちている。**ほら、すぐそこに落ちている。

今の時代は、「一年ひと昔」だ。最先端の情報はもの凄いスピードで流れている。あなたの知見やメソッドは錆びついていないだろうか。マーケット開拓は非効率になっていないだろうか。**もう一度、最新のデータを分析した上で、正確な振り返りが必要なとき**なのかもしれない。成績不振だと溜息をつく前に、近くの小さなほころびを見つけてほしい。

はじめは「テキトーな計画」で転んだとしても、それを「適確な計画」に再構築し、もう一度でも二度でも立ち上がり、走り出せばいいのである。

「エンタメ」を演出するお笑い営業を極めろ

私はとにかくにも大優先で、お客さまをとことん笑わせてきた。お客さまを楽しい気分にさせるサービス精神のもと、常にその場を盛り上げるエンターテイナーを演じてきたのだ。よって、お客さまからの評価は、「おもしろい人」「話術が巧みな人」「パワフルな人」である。ただ、意外に思われるかもしれないが、幼少期の評価は、「控え目な子」「真面目な子」「無口な子」であった。

だから、ユーモアのセンスや卓越したトークスキルというのは、決して天賦の才ではない。思春期から現在に至るまで、私は**努力を積み重ねて笑わせる話術を磨き、自己改革を続けてきた**のだ。

振り返ってみると、より確かなのは、私が**人を笑わせれば笑わせるほど、成功に次ぐ成功が訪れた**という事実だ。お客さまを楽しませてきたおかげで、私はあらゆる営業コンテストに次々と入賞し、もの凄いスピードで昇給・昇格を果たすことができた。大笑いしながら人生のステージを駆け上がっていったのである。

笑わせる行為は、私のファンをより強力な応援団にしてくれたようだ。やはり営業というのは、人気商売。どれだけの協力者に支援してもらえるかが成功の鍵を握っている。

もちろんサービス精神とは笑わせることだけに限らない。しかし、「楽しんでほしい」という〝おもてなしの精神〟なくして、自らが利益を得ることはない。

だからあなたも**日常から、「自分だけ楽しければいい」ではなく、常に「他人をどれだけ楽しませるか」ということに気を配っておくこと**である。

もし笑わせる技術がないというのなら、まずは自分から笑いかけてみればいい。

きっと、**つられて目の前のお客さまも笑い出すに違いない。笑いは伝染する**のである。

人々と接するときには、「自分は今、笑っているだろうか」と常に意識してみることである。無理にでも笑顔をつくっていけば、周囲には段々と笑顔の花が咲き乱れていく。

そもそもお客さまというのは、笑顔で「ノー」とは言えないものである。

私は必死になってエンターテイナーを演じてきたおかげで、どれだけの試練や苦難を乗り越え、至福のときを過ごしてきたかわからない。

楽しいから、笑うのでも、笑わせるのでもない。笑うから、笑わせるから、楽しいのだ。

第3章

Habits
～鬼習慣～

悲観は気分である。
しかし、楽観は意志である。

アラン

チャンスは突然やってくる。
そして考えているうちに行ってしまう。

落合信彦

苦しみがなくなるのではない。
苦しみでなくなるのだ。

荒了寛

鬼100則 51

素直に真似る「模倣犯」になれ

ローパフォーマーに共通しているパーソナリティ、それは「頑固者」である。自分の営業スタイルを、なかなか変えることができない。自分なりに模索し、意地でもそれを継続するのだが、肝心の成果は右肩下がりのジリ貧だ。

そう、彼らは、**「意地っ張り」と「頑張り」をはき違えている。** どんなに頭がよくて、どんなに弁が立ったとしても、革新的なアクションへと踏み出すことができない。

もはや自分一人の知識や技術など、たかが知れているのだと、思い知る必要がある。

素直な気持ちでもっと他の人から学ぼうとか、謙虚な気持ちで他の人のやり方を真似てみようとか、そんなスタンスを持つことが、ハイパフォーマーに変身するための近道だ。

成功するタイプはズバリ「素直な情熱家」である。素直というのは単に従順という意味ではなく、肯定的な思考を差し示す。**あなたの周りにいる素直な情熱家をモデリングして演じきること。徹底して、模倣すること**だ。

成功している素直な情熱家を崇拝し、許す限りの時間を共に過ごし、あらゆる角度から模倣することをオススメしたい。いい意味でのストーカーになるのである。

身だしなみ、しぐさ、言葉遣い、マナー、気遣い、挨拶の仕方など日常の言動をよく観察し、一挙手一投足を真似してほしい。ぴったりと張りつき、ビジネス上での交流はもちろん、趣味・スポーツ・ボランティアなど、共通の活動ができたら最高だ。

時間を共にできない遠い存在であるなら、あなたの想像の世界でもかまわない。**「あの人だったら、この場面で何をするだろうか」**というように、〝あの人〟を判断基準にして言動を決めていくという手もある。始めはフェイクでもかまわない。模倣を心がければ、未来のあなたは「営業成績の優秀な情熱家」へと変貌を遂げていくことだろう。

営業力アップは理屈ではない。「真似る感性」と「実行力」なのである。

もっと自分らしく「あるがままにやりたい」という反論もあるかもしれない。

しかし、心配はいらない。**憧れの〝あの人〟の完全なるコピペが終わったら、次なるは「自分スタイル」へのグレードアップ**だ。

発展的に進歩する独自性が大事であることは言うまでもない。

オリジナルを超えるオリジナリティの追求こそが、飛躍的な成果を生み出すのである。

鬼100則 52

トークスクリプトは「鬼コピー」せよ

何を勘違いしたのか、ヘタな自己流を貫いて、自信満々なのはいいのだが、一向に結果が伴わない営業マンがいる。ベテラン、新人問わず、このタイプはやっかいだ。

こうなってしまうと、正直、打つ手がない。この先、本人の気づき方次第で改善できる可能性はあるにはあるが、かなり遡《さかのぼ》っての荒療治が必要になってくる。

とすれば、そのように**ヘタな自己流が凝り固まってしまう前に、セオリーを身につけておきたい**ものである。

ちなみに、私はゴルフがヘタだ。20代からの二十数年間、何百回とコースをラウンドしてきたが、ドライバーが大きく右へ曲っていく「スライス病」が治ることはなかった。

まったく上達しないままに投げ出し、今となっては、一切プレイしなくなった私である。ゴルフクラブのセットは物置で埃にまみれている。なぜ、上達しなかったのかと言えば、初心者でいきなりコースへ出て、そこそこのスコアを出せてしまったのがいけなかった。

「練習嫌い」「人の言うことを聞かずに自分の思うようにやりたい」「ゴルフを舐めていた」という私のスタンスが問題であったことは言うに及ばずである。

もっと基本に忠実にスイングの練習をするとか、スクールに通ってみるとか、いろいろと手はあったはずだが、**キャリアを積めば積むほど、後戻りできなくなってしまった**のだ。

営業の世界でも同じことが言える。やっぱり大切なのは、セオリーを徹底的に身につけることである。マニュアル通りに**「トークスクリプト」を丸暗記する**ところからはじめてほしい。

もし、あなたの組織にスクリプトがないというのなら、先輩優績者やトレーナーなどの衆知を結集し、再作成してみてはどうだろう。そしてそれが完成したら、**一言一句たがわずに「完全コピー」できるまで、繰り返し繰り返し練習を積んでほしい。**いつでもどこでも、誰に対しても、まったく同じトークで流暢にしゃべれるレベルになっていなければ「鬼コピー」とは呼ばない。求められるレベルは「壊れた再生機種」並みの同じトークである。

ここで一旦、自己流トークをぶっ潰す勇気を持ってほしいものだ。

アマチュアがホールインワンを達成できたとしても、それはまぐれである。基本に忠実に何万回とスイングを固めてきたプロには、逆立ちしたって敵わない。

鬼100則 53

再生工場の「映像」をスマホで撮影せよ

成績不振の原因は必ずある。常に現状分析が必要不可欠だ。

しかし、問題の核心と向き合うこともせず、「当たって砕けろ」と根性論を振りかざしている営業マンが多い実情は残念でならない。もしもトークスキルに問題があるとするなら、これからいくら頑張ったところでヘタクソなフォームが固まってしまうだけだろう。

ここはやはり、自らが「再生工場」の工場長となって、トレーニングに次ぐトレーニングにより、徹底的に鍛え直すしかない。**「どうすればヒットを打てるのか」という根拠に基づいたトレーニングで課題を解決し、結果を変えていくしかない**のだ。

頭でっかちな知識武装と自己満足なアクションプランだけでは、スランプという名の中性脂肪は消費できない。たるんだ贅肉はトレーニングで汗をかき、絞りきるのだ。

たとえば、ロールプレイを嫌がる営業マンは少なくない。必要性は感じながらも、「また今度でいいか」と先送りにしてしまいがちだ。

しかし、絶対にそこから逃げてはいけない。トークスキルが錆びつかないよう、常に刃を研いでおくことは欠かせないのである。

ロールプレイの映像は、必ずスマホでビデオ撮影し、保存しておくことだ。そうすれば、移動途中の電車の中やお客さま先へ訪問する直前にも、チェックすることが可能になる。自分の先生は自分自身なのだ。学びのすべては映像の中に隠されている。

まずは、作成したシナリオと一言一句同じトークになるレベルまで演じてほしい。それまでは、何度も何度も繰り返し**オンカメラで撮影した映像を、「お客さまの眼」で確認してみる**とよいだろう。あらかじめ、それぞれのステップごとに分割した客観的な「評点」「改善点」「合格理由」などを記載できるロープレ・シートもしっかり準備しておくこと。

リハーサルのためのリハーサルにならないように、本番さながらの厳しいトレーニングが必要だ。**営業マンである限り、高い目標に見合った「力量」を求め続けるべきである。**

昨今は、「トークを研ぐ」という重要性を知りながらも、具体的なトレーニングを実行に移していない営業マンばかり。受動的な勉強会やミーティングは好きだが、**能動的なトレーニングは二の次三の次、という残念な営業マンに明日はない。**

「再生工場」の鍛錬で汗を流し続ける営業マンにだけ、明るい未来はやってくるのだ。

鬼100則 54

アグレッシブに「駆け上がる」習性を身につけろ

停滞している現状を手っ取り早く打開するためには、アクティブ体質へと改善する「行動」が必要だ。今すぐに、「営業隠れ肥満」のメタボ体質を改善しなければ〝生死にかかわる〟という危機感を持ってほしい。**フットワークの鈍い「万年ダイエッター」からの脱却こそが、今のあなたに課せられたテーマ**になる。

「じっと我慢している」だけでは、営業ストレスは溜まっていく一方だろう。活動量不足は、心身ともに「健康」を蝕んでいく。だからと言って、急に訪問件数を増やしたり、新たなマーケット開拓を始めるのは、簡単なことではない。考えれば考えるほど、〝動けなくなる〟に違いない。

まずは、誰にでもすぐにできる「適度なアクション」から始められたら、それで充分だ。日常生活の中での**小さな行動を習慣化**させたい。

たとえば、営業成績が絶好調だった時代に私が心掛けていたのは、**「階段を駆け上がる」**

という、いつでもどこでも簡単にできる「習慣」であった。

スポーツジムに通う時間などを確保できない超多忙な私にとっては、出勤途中や営業先への移動中でも取り組める「階段登り」は、とても効率がいい運動だ。駅のホームへの昇り降りは、エスカレーターを使わず、必ず階段を駆け上がることを習慣にしていた。

出勤時のオフィスビルでもエレベーターを使わずに、ひたすら階段を駆け上がる。ビルの5階や7階に勤めていたときは、ほどよい運動になっていたのだが、11階や16階ともなると、少々ハードであった。一時期、27階のオフィスに出勤していたことがあったが、あれはほとんど「登山マラソン」だった。

しかしながら、それも習慣化してしまえば、**毎朝、気分爽快。ささやかな達成感から一日をスタートすることができる。**

実際に、営業成績は、高層階に勤務していたときほど急上昇していった。

どうやら、**自力で一気に「駆け上がる」という行動は、快楽物質を活性化させ、モチベーションを上げ、レスポンスを早くさせ、営業成績が「上昇する」ことにつながる**ようなのだ。

毎日毎日、アグレッシブに駆け上がれば駆け上がるほど、成績もぐんぐん上昇していく生活習慣。それを試すか試さないかは、あなた次第だ。

鬼100則 55

人恋しい孤独な場所で「一人戦略会議」を開け

まったく見向きもしてくれないクールなお客さまと、数字の詰めが厳しい理不尽な上役との狭間で、地獄のような日々を過ごしているとき、「自分は世界中で一人ぼっち、誰も味方がいない」と思えるくらい、孤独な気持ちに苛《さいな》まれることがある。

だからと言って、営業マンが「孤独な時間」を楽しめなくなったらおしまいだ。厳しい営業の世界で生き残るには、孤独になることを恐れないことである。

営業マンとは、孤独と運命を共にすることを代償にして、高い給料をもらっているようなものなのだ。

くれぐれも念を押しておく。決して「孤独」を恐れてはいけない。徹底して**「孤独」を楽しむ**ことである。

どうやって楽しむのか、いくつかの例を提案しておきたい。

「孤独ブレインストーミング」は欠かせない。たとえば早朝、自分だけしか知らない隠れ家的なカフェで、誰の意見にも惑わされず、独創的な営業戦略を捻り出してみるのはどうか。

「孤読書タイム」も、自分と向き合える最高の時間だ。せめて月に2冊くらいは良書と向き合いたいものだ。私の場合は、本が営業の師匠であり、何よりのメンターだった。

「孤独ウォーキング」も、営業のモチベーションがアップする。歩けば歩くほどドーパミンが〝ハイな思考〟をつくり出し、革新的なアイデアが閃いたりするものだ。

「孤独シネマ」も心の澱《おり》を洗い流す大切な時間になる。できるだけ複数人での映画鑑賞は避け、心を揺さぶる人間ドラマなどを独りぼっちで観るに限る。

「孤独な打ち上げ」もオススメだ。〆切日などの節目には、バーの静かなカウンターで、自分で自分を褒めてあげながら、〝ロンリネス・ショット〟を味わうのである。

あなたもどうか孤独を恐れずに、自分との対話を楽しんでほしいものだ。

心から孤独の意味を理解できたとき、**「お客さまだって孤独なんだ」という共感と深い愛情が生まれる。**

人恋しいシチュエーションで開く「一人戦略会議」だからこそ、心が通い合う人と人とのつながりを育んでいけるのである。

鬼100則 56

万策尽きて躓《つまず》いたら「パワースポット」で充電せよ

どんなに必死で営業活動に励んでみても、相手のあることだ。タイミングの良し悪しや運不運もあるのだから、どうにもならないことは、もうどうにもならない。

あなたが万策手を尽くしたのなら、ジタバタしたって仕方がないではないか。

絶体絶命の崖っぷちに追い詰められ、心が折れそうになったときには、もはや深刻に対策を検討したところで悪循環に陥るだけだ。あなたが「真剣」なのはわかるが、「深刻」になってはいけない。

ここではもう、いい意味で開き直るのも一つの道だ。

たとえば、あてにしていた大事なアポイントがドタキャンとなり、ぽっかりと空いたスケジュールに気持ちが沈んでいるときには、何も考えずにそのまま**神社へと足を運び、樹齢数百年の大木を抱きしめてほしい。**

恥ずかしながら私も、ときには大木を抱きしめるために、誰もいない早朝の神社へ行くことがある。すると、不思議なものだ。大きな安心感で包まれるとはこのことである。これほど気持ちが落ち着くことが他にあるだろうか。

私は大木を抱いて悠久の歴史に思いを馳せる。地球上の何十万年のときの流れを想像しながら樹齢数百年の大木を抱きしめれば、悩みなど数百年先の未来の彼方へと飛んで行ってしまう。**自分の悩みなどは所詮、小さな出来事であると、肩の力が抜ける**のだ。

自分という存在のあまりの小ささに「ジタバタしても仕方がない」という気にさせられるものである。

私たち営業マンは、まだまだ人類の進化においては成長途上の未熟者なのだから、**うまくいかないのは当たり前、失敗して当然なのだ**と思えてくる。だからどうか、単なる目先の結果だけに憂うことなく、すべての心配事に整理をつけてほしい。

そして、祈ってほしい。そう、せっかく神社へ行って祈るのなら、自分のことばかりでなく、真っ先に「お客さまの幸せ」を祈願したいものだ。

なぜなら、**大切なお客さまの幸せを祈っているその瞬間にこそ、神懸かり的なセールスパワーが舞い降りる**からである。そのときこそ、その場所が、あなたにとって本当の「パワースポット」になるのではないだろうか。

鬼100則 57

ときには営業を止め「映画館」で愛を学べ

私の趣味は仕事だ。休日はもっぱら執筆に集中する。平日は保険会社での過酷なミッションがむしろよい気晴らしになっている、というある種の変人である。

そんな私にも人並みの娯楽がある。それは、「ひとり映画鑑賞」だ。歳を取るごとにナイトショーへ足を運ぶ機会が増えてきた。

ジャンルは、ヒューマンドラマやミステリーも悪くないが、ときにはSFものを選ぶ。

ここ数年観て来た中で、特にお薦めのSF作品は、「インターステラー」である。

物語は近未来の地球。深刻な食料難による人類滅亡という現実を突きつけられた主人公の元パイロットが、人類が移住できる新たな惑星を目指す。溺愛する娘に「必ず、帰ってくる」と約束して別れを告げ、宇宙の果てへと旅立つ命懸けのミッションだ。

遠い宇宙の果てしない孤独の中で、その苛酷さに混乱し正気を失う姿もリアルに表現され、人間的な「弱さ」を見事に描写している。と同時に、**「強さ」をも丹念に描くことで、**

人間の〝愛の力〟が浮き彫りになっていく。

地球と宇宙の果てでは時間のズレが生じるため、宇宙船に届く家族からのビデオレターには、年老いていく家族の姿が映し出されていき、「地球を救いたい」という人類への思いと、「家族のもとへ帰りたい」という利己的な願いとが対立していく構図が描かれる。

しかし、ラストシーンでは、**「人類愛と家族愛は相反しない」というメッセージへと辿り着く**のだから、見事なストーリー展開であると唸るしかなかった。

映画の中の一シーンに**「父親は死ぬ前に何を思い浮かべると思う？」**と、こんなセリフがある。さて、あなたはどうだろうか。死ぬ前に何を思い浮かべるのだろうか。

やはり答えは、「子供の姿」であろう。私もそうだ。叶うならば、遠い宇宙の果てにいようとも、〝愛の力〟によって救いの手を差し伸べたい。劇中には、**「人類最高の発明は〝愛〟だ」**というセリフもある。いつの時代も人間を救ってくれるのは、〝愛〟なのだ。

私たち営業マンの日常においても、さまざまな人間関係の中で、いかにして「愛に生きるべきか」ということをひしひしと学ぶ。

その大切なことに改めて気づかせてくれ、**ふたたび営業戦士の背中を押してくれる〝地球上の秘密基地〟、それこそが「映画館」**なのである。

鬼100則 58

鏡に向かって「コミュファメーション」せよ

私は「鏡」を見るのが大好きだ。だからと言って、鏡の中の自分に陶酔しているナルシストでは決してない。実は私、鏡を見ながら営業成績を上げてきたのである。

ぜひあなたも、**鏡の中の自分自身をよく観察してみてほしい。**表情は暗く疲れ切っていないか、瞳は生き生きと輝いているか、笑顔に嘘はないか。というように、心の内側を覗き込むように凝視してほしいのだ。そしてその鏡に向かって、**成績アップのアファメーションを実行に移してほしい**のである。

一般的なアファメーションというのは、「具体的な夢や目標への自己暗示」「深層心理に潜む固定概念の書き換え」「願望が現実化したかのごとく洗脳すること」であろう。

しかし、そのような「私は絶対売れる」「私は自分が大好きだ」「私は必ず大成功する」という〝自分への無理強い〟は、自信を喪失している営業マンには効果が薄いものだ。

本心では自分のことを「経験不足」「自己嫌悪」「実現不可能」であると疑っていながら、

無理やりアファメーションを試みたところで、なかなかその気にはならない。それではかえって、急激な変化への恐怖によって、潜在意識が拒絶反応を起こしてしまう。「やっぱり、私には無理」というネガティブな抵抗感からは逃れられないのである。

よって私流のアファメーションは、名づけて「コミュファメーション」だ。

「お前は、運がいい営業マンだ」「お前は、超ツイている営業マンだ」「お前は、世界一幸せな営業マンだ」というように、これらのメッセージを、鏡の中の自分自身へ語りかけ、会話をするのである。そもそも運や幸福感などというものは、自分の能力とは直接関係がない。だから潜在意識からの拒絶が起きにくいのだ。**本来の自分自身はまったく変化する必要がないから、無理なく自然体でつぶやける**のである

鏡の中のあなたを思いっきり応援してあげることさえできれば、エネルギーはそのまま反射されてくる。沸々と自信が湧いてきて、「できる」気がしてくるから不思議だ。成績アップの効果は絶大である。

ワクワク楽しい「ラッキー・コミュファメーション」のリズムを刻みながら、鏡に向かって何度も何度も何度でも、自分（相手）を励ましてあげようではないか。

あなたもぜひ、鏡の中の相手（自分）の幸運を信じ、対話を楽しんでほしい。

鬼100則 59

眠る前に「瞑想」して明日も生まれ変われ

あなたはどのような朝を迎えているだろうか。

ひょっとすると、ベッドの温もりが恋しくて、二度寝の誘惑と戦う朝を迎えているのではないだろうか。あくびを嚙み殺して起き上がってはみたものの、「会社に行く気がしない」と、朝から溜め息をついているのではないだろうか。どうして、すっきりとした目覚めとともに、前向きな姿勢にリセットされないのだろうか。

その原因は、眠る直前の「マイナス思考」にある。

誰にだって悩める課題の一つや二つはあって当たり前だろう。されど、**悩みの大小はあれ、所詮、自分一人のこと**である。それはあまりにも小さすぎる悩みではないか。**くよくよ感が止まらない夜は、大抵、人々への感謝や貢献を忘れているときだ**。その利己的な心のベクトルを修正するために、眠る直前の「感謝と貢献の瞑想」をお薦めしたい。

電気を消して布団に入ったら、眠れぬ夜に羊を100匹数えるかのように、お客さまを一人ひとり数えてほしい。目をつぶり、あなたの好きなお客さま、大切なお客さま、尊敬するお客さまの顔を一人ひとり想像してほしいのだ。

お客さまを１００人数えてみる夜があってもいいだろう。あなたが心地よくなるお客さまの「笑顔」を思い浮かべてほしい。**満面の笑みのお客さまたちのおかげで今のあなたがいて、そのお客さまたちのために、あなたは何ができるのか、**シンプルにそれだけを考えて眠りにつくのだ。すべてのお客さまに幸せな明日がやってくることを祈りながら。

そのようにして、ぐっすりと眠れば眠るほど、あなたの営業パワーは、自然にフル充電されていく。営業活動の疲れを癒やし、失敗したネガティブな記憶を消去して、成功体験だけを記憶のフォルダーに上書き保存してくれる。

そうして**一日一日が確実にリセットされていく**のだ。あなたの営業マン魂を育むためのなくてはならない大切な時間である。

みなぎる力に希望が満ちあふれたあなたは、「うおー、今日もやるぞー」と叫びたくなる衝動を抑えつつ布団を蹴り上げ、ベッドから飛び起きることになるだろう。

フル充電完了のランプが灯り、深い眠りから目覚めたその瞬間、私たち営業マンは〝今日も生まれ変わる〟のである。

鬼100則 60

「早起き体質」へ自己変革し主体的に稼げ

スランプから一気に脱出するためには、ただ同じことを繰り返しているだけではダメだ。自らが主体的に動き出し、日々沁みついた悪習慣を、ズバッと切り替えるしかない。

まずは大切な一日のスタート。始業開始ぎりぎりに間に合うよう逆算し、バタバタと身支度をしているようでは、いつまで経ってもスランプを脱出することはできないだろう。

恥ずかしながらこの私にも、二度寝の誘惑に勝てず悶々としていた若き時代があった。その頃は明らかに〝受け身〟の毎日だった。「起きなければいけない」と、毎朝いやいやベッドから這い起きて一日の営業活動が始まる。そうしてさまざまな業務に振り回され、疲れ果てて眠り、そしてまた起き上がり……と、その繰り返しであった。

「このままでは、堕ちていくしかない」という危機感から猛省した私は、主体的に早起き体質へと自己変革を推し進めた。

「自分の意思で早起きしよう」と決めた途端、自らの行動を主体的にコントロールでき

るようになった。営業活動のイニシアティブを握れるようになっていったのだ。

すると、不思議なほど営業成績は上がっていった。早起きすれば早起きするほど目覚めの気分がよくなり、それに比例して、さらに営業成績が高まっていく好循環が生まれた。**何かが変わってくれるのを待つ受け身の毎日では、悪い流れが変化することはない。**このことを改めて学んだのである。

早起きの極意を一つだけ伝授するとすれば、やはりシンプルに「早寝すること」である。これからはもう、本当に意味のある会合でない限り、飲み会など夜の誘いは遠慮することだ。たとえどれだけ、つき合いの悪い奴と罵られようとも〝主体的に〟断ることである。

朝は仕事や勉強がサクサクはかどるし、効果的な営業戦略やアイデアも湧きやすい。**早朝は、脳が冴えに冴えまくるゴールデンタイム**となるのだ。

私がこの二十数年間の生保営業で成功し、毎年数千万円以上の報酬を得ることができたのは、**「寝ておかなければもったいない」というような睡眠への執着をなくし、反対に「寝ていたらもったいない」という前向きな解釈に変えることができた**おかげだ。

「早起きは三文の徳」ならぬ「早起きは3億円の得」なのである。うかうか寝ていられるはずもない。

鬼100則 61

意味のない「二次会」に流されるな

仲間たちが大好きだ、というあなたはきっと、彼らと共に和気あいあいと働いているに違いない。決して飲み会の誘いは断らず、歓送迎会や忘年会、打ち上げなどの二次会についても、誘われるままにフル参加している姿が目に浮かぶようだ。

しかし、よく考えてみてほしい。その時間は本当にあなたの営業マン人生にとって有益な時間なのか。薄っぺらな社内の人間関係を保つために、ただ流されるままに生きているのではないのか。もうそろそろ**時間を削って生きていることが、いかにあなたの成長を妨げているか**、自覚してほしい。

決して、酒を飲むのが悪い、仲間と楽しいひと時を過ごすことが無意味である、ということを言っているのではない。**その行動があくまで主体的な判断に基づいているのかどうかを問いたい**のだ。

実は私自身、「二次会への参加をきっぱりやめて生産性が一気に向上した」という経験を持っている。それはもう驚くほど劇的な変化であった。

たかが二次会、されど二次会である。**「つき合いの悪い奴だと思われたくない症候群」が、どれだけあなたの人生をつまらないものにしているのか、**考えてみることだ。

まずは「出費」である。一次会の上に、さらに数千円の持ち出しが必要になるだろう。惰性で毎回二次会まで参加してしまうと、蓄積された二次会の出費はバカにならない。あなたの収入から計算するとかなり割高だ。どうせならその資金は、自己投資に充てたい。

次に「時間」である。そのゴールデンタイムの2～3時間の蓄積を考えると、これもまたお金以上に無駄になる。実にもったいない。累積で何十時間以上にもなるその時間を別のものに費やしたとしたら、あなたの人生は別の方向へ歩みはじめるのではないだろうか。

そして「健康面」である。いくらまだ若いとはいえ、はしご酒の上に寝不足となるのだから、翌日の営業活動への負担となるのは必至だ。

そもそも一次会からの惰性で二次会へと流れているだけなのだから、参加することに何の意義も意味もないのだ。**得られるものよりも、失うもののほうがはるかに大きい。**

そろそろあなたの生き方を変えるべきだ。「誘いはきっぱりと断ってさっさと一次会で帰る」という決断があなたの人生を変えていくことになる。決して流されてはいけない。

鬼100則 62

「アルコール」に頼った営業から足を洗え

「接待」という名の飲み会が大好きな営業マンがいる。毎週末のように取引先の人を連れ出しては千鳥足で飲み歩いている。なかには、毎晩のように夜の街へと繰り出している元気な営業マンもいるようだ。

私も一時《いっとき》は、かなりの飲み代を豪快に投資していた時期があった。2軒3軒と深夜まで飲み歩き、翌朝の寝起きは二日酔いの自分と格闘することから始まるのが日課だった。

しかし、**アルコール量の多さと営業成績のグラフはまったく比例しない**、ということを苦い経験から学んだ。

営業成績への直接的な効果は、ほぼゼロであったと断言できる。**今、思えば、あの投資は単なる浪費だった。もっと言うなら、私自身の〝気休め〟**だったのだ。悪いことは言わない。営業効率を本気で上げたいのなら、アルコールには頼らないほうが賢明だ。

ときには、お酒の席で懇親を深めることも重要だろう。ただ、もしも「接待は効果的な営業戦略である」と信じ込んでいるのなら、それは愚かな営業マンであると言わざるを得ない。たとえ効果があったとしても一時的だ。継続したところで、資金も体力も持たない。

たしかに、アルコールの力はすごい。よって接待の場は盛り上がる。普段は無口なお客さまでさえ、突然、人が変わったように饒舌になり、大きな契約に期待を持たせるようなことを言ってくれる。成績が伸び悩んでいる営業マンにとっては、夢のような世界だ。

ところが残念なことに、酔いが覚めれば、テンションは下がる。**その場限りのリップサービスにだまされてはいけない。**お酒の勢いだけで成績向上が図れるほど、営業の世界は甘くないのだ。どれだけ2次会3次会へと連れ出したとしても、**明日に残るのは「請求書」と「アルコール臭」だけ**である。

だいたい、酒を飲みながらまともな仕事の話などできるわけがない。酒に頼った雑な営業ばかりしていると、「アルコール営業中毒」が進行していき、やがては廃人となるのがオチだ。どうしても特別感を出して密談したいなら、真っ昼間のやや高級なカフェスペースで十分ではないか。時間も短縮できるし、なんと言っても健康的だ。

営業の世界というのは、アルコールとは無縁の「シラフの世界」に存在するのだということを忘れないことである。

鬼100則 63

ターゲットを追い続け「心の免疫力」を鍛え上げろ

風邪を引いて高熱を出し寝込んでしまうことも、大ケガをして入院し塞ぎ込むこともある。そうして倒れるたびにあなたは貴重な時間と気力を失い、営業成績も〝病んでいく〟。

そんなとき、それは避けて通れない不運であるとあきらめて休養し、「次は気をつけよう」と、ありきたりの予防を繰り返し心がけるだけでいいのだろうか。

たしかに「まったく病気もケガもしたことがない」という不死身の鉄人には、私もお目にかかったことはない。スーパーマンのようにはいかないのが現実だ。もしかするとあなたは、病気やケガを被るのは、「たまたま」であると感じているのかもしれない。

しかしそれは違う。あなたが風邪で休むのは偶然ではない。無事故の営業マンがずっと無事故なのにも、れっきとした理由がある。

病気は、あなたの気の緩みや不摂生の積み重ねによって免疫力が低下し発症したのだ。ケガは、あなたの集中力が散漫になった不注意によって起きたのである。

だとするならば、どうにもならないと思っていた健康でさえも、あなたのメンタル次第でコントロールできるようになるのではないか。

漢方の世界では、「風邪（ふうじゃ）」という邪気が、背中の風門というツボから体内に侵入して風邪を引く、と言われている。ケガは、「怪我」と書き、語源も「汚（ケガ）れ」だ。まさに、怪しい〝我〟の心の汚れがケガを引き寄せていると考えることもできる。

では、それらを撃退する予防対策はあるのか。

答えは、ある。それは、**常に「明確な目標」を心のスクリーンに描いておくこと。そうすれば、「壮快」な心の状態が続き、免疫力も集中力もアップする。よって邪気や心の汚れを寄せつける恐れはなくなる。**目標に向かっているときの免疫力は、体調不良など寄せつけない。目標に向かっているときの集中力は、うっかり事故など寄せつけないものだ。

手の届く小さな目標を次から次へと設定する。目標をいつもアウトプットして擦り込む。目標は周囲の仲間と共有する。目標を書いたものを持ち歩く。目標は掲示して可視化する。

このように、邪気や心の汚れを振り払う「目標の予防ワクチン」を摂取してほしい。

「ターゲットに向かってまっしぐら」という心身ともに充実している営業マンにとっては、病気やケガなど、まったく縁がないものである。

鬼100則 64

「理想のダイエット」は宿命だと心得よ

暴飲暴食を繰り返している営業マンの人生は波乱万丈だ。たとえ、一時《いっとき》は成功したとしても、営業成績は上がったり下がったりを繰り返し、やがて落ちぶれていく。快楽を追求し享楽に溺れる生活は、決して豊かな人生とは言えない。

この行為はある種の麻薬中毒である。刻一刻と〝魂〟が蝕まれていくのだと思ったほうがいい。営業マンたるもの、外見の身だしなみやカッコよさをキープするためにも、心と体のバランスを保ちたいものである。**心と体のバランスとは、栄養のバランスとイコール**であり、食生活の乱れは良質な「営業マインド」を失う要因になる。

日々の生活は品行方正であっても、お腹の出っ張りが気になるなら、念のために、栄養バランスが取れた食生活ができているか、一旦、見直してほしい。

太り過ぎの原因は「食べ過ぎ」であることがほとんどである。もしかすると、コンビニ好きのあなたは、ジャンクフードばかりの偏った食生活になっているのではないだろうか。

健康志向の私の場合、**一日のはじまりである朝ご飯の献立にはこだわっている。**ご飯は茶碗に小盛で１杯だけ。味噌汁、納豆、焼き魚、卵、野菜料理、海藻類、梅干し、漬物、食後には、ヨーグルトとフルーツも欠かさない。仕上げは濃い緑茶だ。いわゆる和朝食のフルコースである。このメニューを毎朝、腹七分目でゆっくりといただく。

昼食は超ヘルシー・カロリー控えめの手作り弁当持参で出勤。晩ご飯は、豆腐などバランスの取れたおかず数品だけの糖質制限メニューだ。そして適度に休肝日を設けている。

おかげで中高年となった今でもお腹は凹んだまま、「メタボ」とは無縁である。

今さらこんな当たり前すぎる栄養管理を改善指導されたところで、「食欲をセーブするのは難しい」「食べることだけが人生の楽しみなんだ」と思う人も多いのかもしれない。

しかし、**自堕落な行動の心の底にあるのは、「自分自身を大切にしていない」という、人生に対する無責任さであること**を知るべきだ。もっと自分自身を大切にしてほしい。いついかなるときでも「健全な体型でありたい」という理想の自分を捨てないことである。

理想を捨てたときから、人は老いていくのではないだろうか。

若々しい輝きが営業マン魂を呼び起こし、そしてまた、営業マン魂が瑞々しい若さを醸し出してくれるのだ。理想のダイエットは営業マンの宿命である。

鬼100則 65

マイホームの「トイレ」を営業ルームに改造せよ

我が家は6LDKの3階建てである。各階に設置されているトイレのうち、3階のトイレだけは、家族専用の特別仕様に改造していた。

どこに目を向けても視覚に飛び込んでくるように、ポジティブワード満載のポスターを前後左右の壁に貼りつけた。あれこれと、明るく元気で素直になれる言葉の数々が張り巡らされ、我が家のちょっとした「営業掲示板」のようになっているのだ。

便座に座った途端に次々とポジティブワードのシャワーを浴びせられ、自然と営業モードになれる空間である。

元気になれるメッセージはそれだけではない。

そのトイレの壁全体には、家族全員が毛筆で書いた「感謝」の二文字が躍っていた。それらは、我が家の毎年の恒例行事である「新春書き初め大会」の作品群である。家族全員分の〝感謝〟が、トイレの壁をぐるぐるっと囲むように貼られていたのだ。

愛する家族からの「感謝」の二文字に励まされてスタートする私は、毎朝、家族への感謝の思いで胸がいっぱいになり、この上なくハッピーな気分に浸れた。朝の眠気を覚ましてくれるだけでなく、カラダの疲労やひと晩寝ても消化しきれなかった営業上の心配事までも、まるでジャーと洗い流すかのように、取り去ってくれたものだ。

もしも、トイレで用を足しながら「ため息」ばかりついている営業マンがいるとしたら、それは**〝当たり前の幸せ〟に気づかず、感謝の気持ちを忘れているから**ではないだろうか。

私が日々快食快便で絶好〝腸〟なのは、毎朝5時55分から、排泄すれば排泄するほど営業成績がアップしていく、このスペシャルルームで過ごす数分間のおかげなのである。

ひと昔前に、「トイレの神様」というヒット曲があったが、きっとトイレには「営業の神様」が棲みついているに違いない。やがて私は確信するに至った。その**神様を巧みに動かすのは、毎日繰り返される習慣化**であるということに。

可視化された個室内で繰り返される「ポジティブな自己洗脳」や「感謝の儀式」は、毎朝毎朝、年３６５日であったことが幸いであった。

その時間、その空間で、日々の営業マインドを擦り込んできたからこそ、私の集大成ができあがったのだと言っても過言ではあるまい。

鬼100則 66

コンプレックスを「矯正」して痛みを希望に変えろ

ニコッと白い歯を見せて笑う「爽やかなスマイル」は、営業マン最大の武器となる。しかし私の場合、思春期の頃から「歯並びの悪さ」を気にしてきた。周囲の人たちは「まったく気にならない」と言ってくれたのだが、私自身は大いに気にして生きてきた。

コンプレックスを抱えたまま、あきらめの境地にいたのだ。

人前では歯が見えないように話したり、口を大きく開けて笑わないように心がけてきた。対人営業においてマイナスであったことは明らかである。

長い間、「もう今さら……」という思いで〝問題を先送り〟してきたのだが、中高年になってから一念発起、私は「歯の矯正」にチャレンジした。

矯正当初は、歯の裏側に装着されたワイヤーによる不快極まりない違和感と、イラつく痛みに悶絶した。舌が矯正器具に触れる痛みでうまく呂律が回らず、話すのが仕事の私にとって大きなハンディキャップとなったし、食べ物がうまく噛めずに食べかすが挟まるため、それらも大きなストレスとなった。

矯正器具の装着期間は、1年間。その後も取り外しのきくマウスピースを2年つけ続ける、という途方もない矯正計画だ。しかし、ゴールまでは長い道のりであったにもかかわらず、「なぜか楽しい」「むしろ痛みさえも嬉しい」と思えた。

なぜなら、**毎日、ゼロコンマ数ミリずつでも動いている、そう思えるだけでも「希望」があるから**。辛い矯正にも前向きな気持ちで耐えられるのは、1年経てば確実に「よくなっている」という〝明確なゴール〟が描けているから。

そう、人間というのは、そこに「希望」があると、頑張れるものだと〝痛感〟した。

そして目に見えて歯並びが動き出すようになってくると、さらに楽しくなってきて、不快感や痛みなどは、ますます感じなくなっていった。

営業の仕事でもそうだが、**望むゴールが明確に描けていて、今、そこへ向かって着実に歩んでいると思うことができたら、どんなに辛い試練や障害でも耐えられる**ものだ。

歯の矯正に限らず、もしもあなたが「痛みの伴う問題解決」を先送りしているのであれば、今すぐにそれを〝矯正〟する必要があるのではないだろうか。

心から「笑って暮らせる人生」を歩むために。

指先を美しく「深爪」に切っておけ

お客さまはあなたの「手先」を見ている。 お客さまは意外にも、営業マンの顔はそれほど直視できないものだ。

提案書を広げて商談しているときなどはなおさらだ。お客さまの視線の先は、説明の重要ポイントを指し示しているあなたの「指先」を追っているのだ。特に女性のお客さまというのは、指や手を無意識に見てしまうことが多いと聞く。

特に、お客さまが指先で気になるのは、「爪先」の清潔感だ。爪が伸びている営業マンは、不快極まりない。それだけで「不潔な人」とジャッジされてしまうので、要注意である。

常に、爪を清潔に整えておくこと。 女性であれば、ネイルアートはほどほどに、派手すぎない程度にしておきたい。男性であれば、爪先が汚れて黒くなっているのは論外としても、爪先の色が変わるラインは死守したい。「深爪」に切るくらいでちょうどいい。

爪を綺麗に整えることにより、細かなところにまで気を使える清潔感のある営業マンと

いうイメージが伝わる。たかが爪と思って舐めてはいけない。この「清潔感イメージ」はかなり大事なプラス要素だ。

たとえ指が太く短く岩のようにゴツゴツした不格好な手であったとしても、爪だけでも綺麗に整えておけば、手全体が綺麗に見えるもの。爪のケアは必須だ。

爪が伸びている人は、営業マンにとって大切な「自信」が持てないという心理学の研究結果が出ている、と何かの本で読んだことがある。そう言われてみれば私も、忙しくうっかり爪を切り忘れ、爪先が伸びているときは、営業成績が〝伸びなかった〟という経験がある。伸びた爪先に気づかれてはいけないという消極的な姿勢の自分がたしかにいた。積極的に人に近づけない心理状態では、営業マンとして致命的だろう。

つまりは、**頭の先から爪の先まで漂う圧倒的な「自信」があってはじめて、営業はうまくいく**のである。

爪を切る余裕さえもなく、日々の生活に追われていること自体が問題だ。**爪先のメンテナンスにさえ注意が及ばない精神状態で、最高のパフォーマンスが発揮できるわけがない。**

営業マンとしての自分自身を磨くように、爪先をも丁寧に深く磨き上げ、「自信に満ちた美しい姿」を保ち続けたいものである。

鬼100則 68

「臭い」営業マンであることを自覚せよ

お客さまは営業マンの「臭い」に敏感だ。最も生理的に嫌われるのが、臭いのキツい営業マン。とにかく「生理的に嫌い」なのだから、理屈云々ではない。

営業マンが生理的に嫌われてしまったら、ほぼ挽回は効かないだろう。あなたがどれだけ知識豊富で頭がよく、プレゼン能力が高くて、誠実な人間力を持っていたとしても、「臭い男、臭い女」であれば一発アウト、「鼻つまみ者」のレッテルを貼られてしまう。

ちなみに、モテない男の条件・第1位は圧倒的に「臭い男」である。

特に**「口臭」には気をつけなければならない。自分自身では意外とわからない**ものだ。注意の上にも注意が必要である。焼き肉の食べ放題、深夜のニンニク入りラーメンなどは、休日前夜以外は口にしないことだ。アルコールを飲みすぎた翌日などは、口臭予防の薬を飲んだり、ミントやガムなどでごまかしても消せないことが多い。三食後の入念な歯磨きと息磨きは当然中の当然として、もともと胃が悪い人などは、常日頃から「臭い自分を自覚しておくこと」が必要不可欠である。

そもそも「口が臭い営業マン」に限って、自覚が足りない。私はそんな本人のためを思って、「口、臭いですよ」と口臭防止のミントを差し出しながら忠告してあげるのだが、つくづく嫌な役目であると思う。

よって一般の人々は、**心で臭いと思っても、口に出して言ってくれるおせっかいな人はいない。**ましてや、お客さまがわざわざ嫌な役目を負ってくれるはずもない。**臭いを不快に感じた営業マンとは「二度と会わない」という選択をする**だけのことである。

男性女性に限らず、香水などのチョイスにも気をつけたいものだ。香りのキツいコロンなどは控えたい。香りの好き嫌いもあるだろうが、石鹸の香りに近い、自然な匂いが無難だ。できるだけ「無臭」を目指してほしい。タバコの臭いもなかなか消せない。吸わない人にとっての不快感は、愛煙家営業マンが理解できない領域であると思ったほうが賢明だ。

さらには、**日々、奮闘している営業マンの〝戦闘服〟であるスーツには、「汗の臭い」も沁みついている。**「おやじの香水ファブリーズ！」と唱えながら、除菌消臭スプレーをシャワーのように浴びる習慣をつけてほしい。

油断は禁物だ。あなたは「臭う営業マン」でないと断言できるだろうか。

営業カバンは「汚い床」に置くな

街中のあちこちで営業カバンを雑に扱う営業マンがよく目につく。命の次に大事な営業カバンである。にもかかわらず、待ち合わせ場所の地面に置く。信号待ちの道路に置く。電車の床に置く。公衆トイレの汚い床にも平気で置く。というように、盗難への防犯も無防備なら、営業カバンの「汚れ」にはあまりにも無頓着だ。

その雑菌だらけの汚れている営業カバンを目撃するたびに私は、「ああ、あのカバンを持ってお客さまの自宅に上がりカーペットやフローリングの上に置くのだな。ときには、ソファーやテーブルの上でも広げたりもするのだろうな。私がお客さまだったら嫌だな〜」と思ってしまう。そんな営業マンには自宅に上がってほしくない。門前払いしたくなる。

きっとあなたは、営業カバンの底が汚いかどうかなんて、お客さまにはわからない、と思っているかもしれない。または、私のように潔癖な人は稀だと高をくくっているのかもしれない。まともな自分には理解不能であると、まったく気にも留めていないのかもしれない。

しかし、ちょっと待ってほしい。**綺麗好きなお客さまは、〝汚れたあなた〟を見抜いている。**

営業カバンと営業マン自身の「清潔度」には敏感だ。カバンの底に少しでも土埃《つちぼこり》が着いていたらアウトだと思ったほうがいい。二度とそのお客さま宅の敷居をまたぐことはできないだろう。無言のまま「出禁」となる運命が待っている。

もちろん、インターフォンを押すときには、玄関先の道路や庭に営業カバンを置いてはいけないし、玄関内で靴を脱ぐときも、足下に営業カバンを置いてはいけない。最低限のマナーである。

ときどき、道端をゴロゴロと転がしてきたキャリーバッグを抱えてお客さま宅へ上がり込もうとする営業マンがいるが、それもご法度だ。営業カバンなら雑菌シートで拭くことができるが、キャスターの汚れを瞬時に落とすことは容易ではない。

生保営業マンの世界では、商談の際にはカバンをハンカチの上に置くというのが、もはや定番だ。

しかしその前に、**「汚れた物体」自体をお客さま宅へ搬入してはならない。**

そんな繊細な気配りこそが、トップセールスへの第一歩だと心得よ。

10年後の自分へ「仕送り」を欠かすな

時流に乗った営業マンを中心に、そこへお金がどんどん流れ込むという法則が存在するのをあなたは知っているだろうか。

お金も人も、上手に使ってくれる営業マンのところへ集まってくるのだ。

しかし、上手に未来へと投資することなく、そのまま溜池に放っておくとお金は腐ってしまう。お金が腐ると、あなたの営業マン人生も腐っていくから要注意だ。お金は大河の如く清流に流し続けなければならない。

将来のあなたにたくさんのお金が流れ込んでくる仕組みを、今からつくっておくことである。

貯め込んだお金にも「消費期限」というものがある。お金を貯め込むことに囚われすぎて、結局お金に操られ、追われているようでは一生お金の奴隷だ。

だから、ケチな営業マンは落ちぶれるのである。あなた自身をお金から解放してあげること。長期的なビジョンを持って「自己投資」することである。

あなたが苦労して稼いだ「可愛いお金」には、旅をさせてあげるといい。10年後の自分に投資するつもりで、時代の流れに必要とされるスキルや知識を身につけることだ。

今、蒔いた種が10年後に必ず花開き、良くも悪くも自分自身に返ってくることを信じてほしい。

本当は行きたくもない目先のつき合いなどに、時間とお金を使うことはもうやめにしたい。そこには、長期的な視点はないからだ。**あなたに必要な判断基準は、10年後、20年後の自分にとって投資効果があるのかないのか、**である。

あなたが今、受けようとしている資格試験やセミナーは、本当に将来のあなたにとって役立つのか。

あなたが今、つき合っている飲み仲間たちやコミュニティは、本当に未来のあなたに利益をもたらすのか。

あなたが今、新しく取り組みはじめたビジネスは、本当に明日のあなたを成長させてくれる活動なのか。

よくよく考えて、自己投資＝「未来の自分への仕送り」を続けなくてはならない。

鬼100則 71

ご縁が実るまで「未来の種」を撒き続けろ

優良なお客さまとの巡り会いを増やし続けたいと思うなら、**「未来の種を撒き続けること」、それ以外に道はない。**要するに、永遠なるマーケット創りのことである。

飛び込み営業のみで30年以上も成功を続けている営業マンを、私は見たことがない。仮にどこかに存在していたとしても、それはほんの一握りだろう。

だから皆、常に「見込み顧客＝良いご縁」に恵まれたいと、そう願っている。しかし、継続する「巡り会い」がなければ、その切なる願いを叶えることなどできっこない。

そのためには、まずはともかくにも、巡り会った**一人ひとりを大切にすること。**巡り合ったすべての人との関係を継続すること。**そして**「ご縁＝未来の種」の広がりを信じること。**それ以外にない。

たとえば私の場合、直接巡り会って名刺交換をした３８００人以上の方たちへ、近況と情報を伝える「お友達メール」を毎週のように配信してきた。すでにその「メルマガもどき」は通算８７０号を超え十数年も配信し続けている。長文を手入力しているため、休日の半分以上をその時間に費やしてしまうこともあるが、せっかくのご縁だ、時々でも私のことを思い出してもらい、一人でも多くの方の役に立てれば、との思いで継続している。

営業に関する宣伝広告などは、「一行も」書いたことがない。

にもかかわらず、**そのご縁から営業チャンスをつないでくれる人たちが次々と現れた。**

絶好のタイミングでお客さまを紹介してもらったり、マーケット開拓のヒントを教えてもらったりと、それはもう語りつくせないほどの「ご縁＝未来の果実」を得ることができた。

そのおかげで、私の営業人生がどれだけ実り豊かに繁栄していったかわからない。

とはいえ、必ずしも多くの人たちへメルマガを送る必要などないだろう。あなたはただ、今、目の前にいるその人との関係を大切に育み、それを継続していけばいいのである。

ご縁があったその人から今すぐに「恩恵」はなかったとしても、大切に育んだご縁から、いずれ大きな「実り」が生まれると信じてほしい。

それを信じ続けることができたあなたにならば、「あの人とのご縁が、こんなにも発展していくのか」と、その当時には思いもよらなかった出会いの種が花開き、〝果実〟となるときがやってくるのである。

スケジュール帳の隅々まで「真っ黒」に埋め尽くせ

私のスケジュール帳は、「ザ・営業マン」を離れて管理職となった今もなお、ずっとその頃と同じように、**真っ黒に予定が埋まっている。朝から晩までほぼ余白に隙間がない。**

決して私はブラック企業に勤めているわけでもなければ、超ハードワークに追われた業務を任されているわけでもない。

すべては私の意思によって、スケジュール帳を真っ黒にしている。私が心底、そうしたいのだ。暇な時間を空けておきたくない、という習慣が身についてしまったのである。

だから私は365日、休みがない。ウィークデーの日中は、生命保険会社の本社勤めをしているのだが、デスクでゆったりすることはあり得ない。自発的に全国の支社を飛び回っている。東京にいても夜の予定は会食や懇親会の約束でほぼ満杯だ。

休日はすべて執筆か講演活動にあてるため、会社員としての土日祝日はすべてオフにし、有給休暇や大型連休もしっかり取得する。

あくまでも休みを取る目的は〝働くため〟であり、冠婚葬祭以外の誘いはすべて断って、ひたすら「次の作品、次の作品」というように、新作を書き続けているわけだ（本書が12作目）。要するに、**「二刀流」を極める珍しい本社社員**なのである。

趣味はほぼ皆無なのだが、時々、スケジュールの合間を縫って、真夜中の映画を楽しむことくらいはする。移動中のメールチェックや情報収集もある意味、仕事であると言える。

ということで、私のスケジュール帳は、隙間がないほどに真っ黒なわけである。

前倒し前倒しで、どんどん予定を入れていかないと気が済まない。**そこに「空白」がある限り、とにかくその箇所を埋めることに全エネルギーを注いでいく。**

それは私が、「ザ・営業マン」だった頃も同じであった。白い空白の面積が多くなると「もったいない」という気になり、ひたすらスケジュール帳を真っ黒にしていく毎日であった。

今思い起こせば、**成功の秘訣は、スケジュール帳を真っ黒にする努力を続けていただけのこと**であると思えてならない。いや、そうであると断言してもいい。

明日からあなたも、愚直にスケジュール帳の隅々まで真っ黒に埋め尽くすことを考え、ひたすら営業に励めば、ふと気がついたら頃にはきっと、休む間もないほどの売れっ子ビジネスパーソンに変身しているに違いない。

「社内営業」にも尽力せよ

「俺には俺の生き様がある」とでも言いたげな圧倒的な自信をひけらかし、納得のいかないことがあれば、上長にさえも噛みつく一匹狼、それほど断固として体制に屈しない営業マンがいる。

彼はプロとして崇高な「お客さま第一主義」を標榜しているものの、「社内営業」などもってのほかであると、関係各部署へ愛想を振りまく者に対しては嫌悪感をあらわにする。「社内営業」に長けた営業マンなんて、人間失格であるかのごとく罵倒するのだ。

たしかに、ろくすっぽ社外での営業活動をせずに、社内で手もみ営業ばかりしているようでは「淪落《りんらく》」の烙印を押されかねないが、「社内営業」はそれほど悪いことなのだろうか。「社内営業」と聞くと、妥協して組織に屈するイメージではあるが、「社内営業」は決してゴマスリでもなければ、上長に媚びることでもない。

決裁権を持つ上長の承認を得られなければ、自分の営業スタイルを有利に進めることはできないし、ぐずぐずしていたらお客さまに迷惑がかかることも否めないだろう。

だから、**上長のご機嫌を取ることも立派な営業**なのだ。行きたくない懇親会に行くこともときには必要だし、マメに忠誠を尽くすことは営業マンとして必須の能力なのである。

あらゆる事前の根回しこそ、営業マンとしての「究極の交渉術」でもあるのだ。

社内のメンバーは上長だけではなく、営業チームの同僚、事務アシスタント、経理や広報など他部門のメンバー、役員秘書、受付窓口係、サポートセンター、その他にも、使いっ走りの新人や清掃員のおばちゃんだっている。彼らへの気配り心配りは、自分自身の営業活動を円滑にすることにつながるのではないだろうか。

「社内営業は腐った営業マンのすることだ」と批判をし、自分はオフィスで踏ん反り返って威張るのは、子供じみた自己アピールであり、甘えた心理の表れにすぎない。

「社内営業」とは、メンバーと密なコミュニケーションを取り、理解と協力を得る活動である。営業には内も外もないのだ。いついかなる場面においても、営業マンは営業マンなのである。**社内の人への営業もできない人が、社外の人へしっかりとした営業ができるとは思えない。**

だからどうか、誠心誠意、「社内営業」に尽力してほしいものである。

鬼100則 74

家族へ「愚痴」を漏らすな

あまりにも一途に営業活動へと邁進するあまり、家族を顧みることができず、それが原因で家庭生活が崩壊し、結局、仕事にマイナスの影響を与えるケースがある。

たしかに、仕事と家庭の両立というのは、営業マンにとって永遠のテーマであると言っていいだろう。だからと言って、仕事のために愛する家族が不幸になるのは、あまりにも本末転倒な話だ。本当に守るべき大切な存在とは、いったい誰なのだろうか。

真の愛情や深い思いやりは、心の中で思っているだけでは伝わらないもの。営業スマイル以上の笑顔とマメなサービス精神を持って、家族と接するべきだ。**超濃密なコミュニケーションと、それに伴う「愛の実践」が必要である**ことは言うまでもない。

仕事を言い訳に家庭を犠牲にするなど、営業マンとしても一人の人間としても、決して犯してはならない暴挙なのである。**家族への愛を行動に移せない人間が、職場の仲間やお客さまへ人間愛を持って接することなどできるわけがない**だろう。

とはいえ、小手先の家族サービスだけでは、決して幸せになることはできない。また、逆に家庭をスケープゴートにして、仕事を蔑ろにするなど論ずるに値しない。

たとえば、偽者の育《イク》メン。彼らの化けの皮を剥がせば、怠け者の素顔を拝むことができる。**家庭逃避型の怠け者も失格、家庭犠牲型の働き者もまた、人間失格である。**

そもそもあなたは「自分が一番偉いんだ」という高慢な勘違いをしていないだろうか。残念ながらそれでは、家族から軽蔑され、孤立していくだけだ。

一家の大黒柱として偉そうに説教をのたまうその張本人が、愚痴っぽくて後ろ向き、約束を守らない、自分勝手、不公平で不健全、道徳観もない、傲慢な態度、信念がない生き方、というように家族からは「最低な人間」としてのラベルを貼られている。

営業先や職場では、なんとか人格者を装っているのに、家庭に帰った途端に〝人間のクズ〟に変貌してしまうのだ。**家庭内の寛ぎとは、だらしのない人間性を暴露する場ではない。**自己中心的な振る舞いやわがまま放題な態度では、家族は誰もついてこないだろう。

これからは家族の見本となる素行を貫くこと。**自分で自分が尊敬できるような行動を常に心がけなければならない。家庭とはむしろ高潔な人間性を育てるところなのだ。**

あなたの健全な生き方が、家庭を幸福に導き、営業マン人生を繁栄させるのである。

鬼100則 75

過去を振り返らず未来を憂うな「今」を生きろ

私が鍛え上げられた生保業界というのは、「強いメンタル」がないと生き残れない。

ところが実態は、もやもやした弱いメンタルに流されて、日々、悪戦苦闘している営業マンも少なくない。時間が自由になる環境にあるため、カフェでボーッと考えごとをしているうちに気がついたら一日が終わってしまうなんてことはざらである。

そんな人たちは大抵、「過去」を悔やんでくよくよしているか、「未来」を憂いて心配しているか、そのどちらかだ。**「現実逃避」という名の〝タイムマシン〟に乗り、過去と未来を行ったり来たりしている**のである。

実はそのように、現実逃避の世界を徘徊しはじめると、メンタルはダメージを受ける。よって私は「彼らを助けたい、救いたい」という一心で、タイムマシンから降ろすためのメンタルトレーニングを繰り返してきた。

今この瞬間に、**「意識が遠くに行ってしまう時間」をどれだけつくらないか**、それが、セールスパワー再生のカギを握る。やはり、**心にも〝本当のブレイクタイム〟を与えなければならない。**「今、目の前の現実の世界」にいるときだけ、心は休息できるのである。

新しいエネルギーを生むためには、無意識を「意識」させること。たとえば、体の部位を意識して「ストレッチ」をする。足の裏を意識して「歩く」。姿勢を正して「深呼吸」する。食事のときは「食べること」だけに専念する。左右の「手」の十本指に感謝する。「風」を肌と心で感じる。「雑音」にも耳を澄ます。「空」の青さに感動する。「匂いや香り」を意識する。「水」は命の源だと感謝して飲む。

「待ち合わせ時間」を厳守し今を意識する。「テレビ」を消し脳と心を空にする。身の回りの「整理整頓」をする。いかなる「モノ」に対しても敬意を持つ。「え〜、あの〜」などの言葉を使わずゆっくり話す。

人を気づかい「親切」にする。人の長所を意識して「褒める」。「ポジティブ日記」を書く。老いと抗わず「諸行無常」を悟る。苦悩の中にある「小さな幸福」に気づく。「今日が人生最期の日かもしれない」と覚悟して生きる。

以上のように、**「今という瞬間の連続」を意識する訓練を続けることで、メンタルは強くなる**のである。

第4章

Spirits
～鬼魂～

人間にとって、その人生は作品である。

司馬遼太郎

他人の迷惑にならない「欲望」は、すべて善である。

福沢諭吉

私たちは、必然を背負って生まれ、
運命と出会う。

五木寛之

鬼100則 76

四六時中「そのこと」で頭の中をいっぱいにしておけ

成功者の思いというのは、単なる「思い」ではなく、「念《おも》い」と書いたほうがしっくりくるほど、**「念ずる力」が半端ない。実現させたい「そのこと」を四六時中考えている。**

年がら年中、「そのこと」に思考を集中させた彼ら成功者は、そのために何をするのか、すべての生活が「そのこと」のために成り立っていて、「そのこと」を叶えるために、常にスケジュールを組み立てている。

人に会う優先順位でさえも、「そのこと」に役に立つのか、「そのこと」への協力者となってくれる人なのかどうか、いつもシビアにジャッジしている。「そのこと」に関する本を貪るように読み漁り、「そのこと」に関する情報という情報をかき集める。

もう「そのこと」が片時も頭を離れず、着替え中も、歯磨きのときも、入浴中も、通勤途中の電車や車の中でも、仲間と他愛のない冗談を言い合っているときでさえも、ふと頭をよぎるのは、「そのこと」ばかりだ。

「そのこと」に関する夢を何度も繰り返し見てしまうほど、それはもう、寝ても覚めても、「そのこと」で頭がいっぱいである。三度の飯よりも、「そのこと」で無我夢中だ。食事中であっても心はいつも「そのこと」へ飛んでいる。「そのこと」をおかずにして、ご飯を３杯はおかわりができるほどである。

何より、「そのこと」を考えるだけでワクワクするし、楽しくて仕方がない。それを考えれば考えるほど笑顔あふれて止まらず、常に高揚している。

さて、どうだろうか。**これほどまでに四六時中ずっと「そのこと」を考えているのだから、「そのこと」が手に入らないはずがない。**

「そのこと」とは、営業を通して叶えたい人生の目的、達成したい営業目標、就きたいポジション、手に入れたい高額な報酬、コンテストでの上位入賞、前人未到の新記録、お客さまとの良質な関係、仲間と誓い合ったビジョン、新規プロジェクトの成功、などだ。

あなたも、**本気で「そのこと」を叶えたいと思うなら、いや、念うなら、24時間365日、「そのこと」で頭の中をいっぱいにしておくこと**である。

私の知っている成功者たちは皆、そういう「〇〇バカ」と呼ばれるような「そのこと」に憑りつかれた〝執念の人〟ばかりである。

ギラギラした「欲望」と正直に向き合え

昨今は、ガツガツしないスマートな営業マンが増えたものだ。欲はかかずに「そこそこ」の生活で幸せなのだと、彼らは言う。

しかし、本当にそれで満足なのだろうか。いつも「そこそこ」であきらめていたら、それは楽かもしれないが、あなたのレベルは上がっていかないのではないのか。

もうそろそろ、人間が本来持っているギラギラした「欲望」に背を向けることで、成長を止めていることに気づいてほしい。**目標達成型の〝欲深い〟営業スタイルの中で揉まれるからこそ、そこに自己成長のチャンスがある**のだから。

あなたは、目標に向かってアクセルを踏みながら、同時に「自分への裏切り」というブレーキをかけていないだろうか。心の中では、欲望という名のエンジンが悲鳴をあげているのではないのか。**これからはもう、「もっと売る」という行為にブレーキをかけている〝偽善者〟を運転席から降ろすことである。**

営業にもボランティア精神は必要だが、残念ながら営業はボランティアではない。利益を上げるという目的がある。その大事な「目的」から目をそらし、嘘の自己満足でお茶を濁してはならない。そんな無欲な、いや、「無欲でありたい」営業マンの成績は、当然ながら低迷し続ける。

貧しさを背負って生きている、そんな自分に酔いしれているのだ。人生、決してお金がすべてではないが、やはり、貧乏は不幸である。

たった一人の自分や、かけがえのない大切な家族に、豊かな暮らしをさせてあげることもできないのに、その他大勢のお客さまを豊かにすることなんてできるはずもない。

WIN-WINの世界は、「欲望と正直に向き合う」という土台の上に乗るのだ。土台のないWIN-WINは虚構である。欲をあきらめたあなたがつくった「気休めの世界」なのである。

ギラギラした欲望と向き合うメンタルにシフトできると、すべてにおいて遠慮がなくなる。地位を得ることも。競争に打ち勝つことも。もちろん、お金を稼ぐことも。自分だけが得をすることはあっても「当然のご褒美」であると胸を張れる。

自信満々に成功している営業マンは皆そうだ。だから、お客さまの前でも遠慮がない。堂々とした〝欲深い態度〟でグイグイと踏み込めるのである。

鬼100則 78

「あきらめのシナリオ」を破り捨てろ

表彰式の壇上でスポットライトを浴びるのは、いつも固定化されたメンバーばかりで、勝ち組と負け組のクラス替えが行われることは滅多にない。窮地の補欠メンバーは、「今度こそは！」と目標にチャレンジするたびに玉砕し、やがては淘汰されていく。

負け組の彼らは、よほど能力が劣っているのだろうか、それとも、とんでもない怠け者なのだろうか。いや、決してそうとは言いきれない。彼ら未達成の営業マンは、能力にさほど差があるわけでもなければ、怠け者でもない。

よくよく彼らを分析してみてわかったことがある。成績不振の原因というのは、**売れない営業マンはいつも「達成しないことを決めている」**という驚愕の真実だった。

あなたが驚くのも無理はない。「そんなバカな」と信じてくれないかもしれないが、彼ら目標未達成者は**「あきらめる理由」**と**「あきらめる到達点」**を決めているのである。

あなたにも経験があるはずだ。胸に手をあててよく考えてみてほしい。

表向きは目標に向かっているものの、ときにそれが、単なるポーズになってしまうことがあるということに、まだ自分でも気づいていないのではないだろうか。

あなたは心のどこかで、「ここまでやったら、あきらめよう」と、あきらめる〝理由〟をはじめから決めているのではないのか。あきらめる〝到達点〟をはじめから決めているのではないのか。**すべてはあなたの計画通り**なのだ。

「締切日の２週間前までにダメだったら、もうキャンペーンの入賞はあきらめよう」

「ライバルのＢ君に先を越されたら、もう僕はあきらめよう」

「夏のボーナスまでに営業成績が上がらなかったら、もうあきらめて転職しよう」

こうしてあなたは、できない理由を具体的に設定しては、「達成しないことを決めている」のである。なんということだ。「言い訳」のセリフから何から何まで〝未達成へのストーリー〟ができ上がっていたなんて。

はじめから安易な「あきらめる目標設定」をし、達成への逃げ道をつくっているのだから、限界突破などできるわけもない。

あなたが求めている「未達成」という願望に向かい、まさに、その通りの結果がやってくる前に、〝あきらめのシナリオ〟を破り捨てなければならない。

鬼100則 79

結果を求める「勇気」を持って白黒をつけろ

私のところへ届く読者の**お悩み相談の9割以上は「人間関係の悩み」**である。お金や健康の悩みでさえ、突きつめれば人間関係に起因していることも少なくない。

人生も営業も、すべては相手（お客さま）があってのこと。その人間関係次第で、結果が大きく左右される。だからと言って、単なる表面上の人間関係を取り繕ってみたところで、本当の意味での解決にはならない。

人生において大切なのは、明らかな「結果」である。

それは、仕事上の具体的な成果であり、パートナーとの心豊かな生活であり、親子の健全な関わりであり、心身ともに健康な体であり、お金に困らない収入と通帳残高なのだ。

何事も目的に向かって「人生の営業実績」にこだわる生き方を極めることこそが、幸福な人生を送るための解決策になる。「営業を制する者は、人生も制する」のである。

私たちは、この世にオギャーと生まれた瞬間から、誰もが営業マン。**営業とはまさに「人**

生の縮図」である。

では、私たちが「幸福になるための営業活動」を妨げる要因とはいったいなんだろうか。

それは、私たちの心の中に存在する「恐れ」である。あと一歩踏み込んで〝営業する勇気〟さえあったら、「人生の目的が実現できた」「家庭の問題が解決できた」「恋愛関係が違う方向へ変わっていた」という悔恨の数々、あなたも思い当たるのではないだろうか。

これからはもう〝恐れそのもの〟を恐れてほしい。**常に、白黒つける姿勢を大切にすることだ。幸福を手に入れるためには、営業の世界のように「結果を追求」するための勇気が必要**なのである。

しかし、勇気がなく踏み込めないようでは、相手も心を開いてくれない。何を考えているかわからない互いの心の底を探り合うストレスが、人間関係に壁をつくっていく。

勇気とは、お客さまのため、仲間のため、家族のため、他人のために使うのである。人を救うためならもっともっと積極的に踏み込めるはずだ。

大切なお客さまや愛する人のために使う勇気は、やがて自分への成果となり、自信となって返ってくる。そして、より大きな勇気へとパワーアップしていくのだ。営業を成功に導いてくれるのが勇気であるように、人生を幸福に導いてくれるのも勇気なのである。

風を読む営業ゲームを「平常心」で操れ

営業には調子の波がつきものだ。ある程度、好不調の波があるのは仕方がないとして、できるだけ好調をキープしたいのは、誰しもが思うところだろう。

いかにして毎月のように達成の流れをつかむのか、成績優秀者は「風を読む」センスに長けている。どこのどのお客さまでいくらの数字を積み上げるのか、それは天才的とも思える判断力で、確実に数字を回収していく。いわゆる「鼻が利く」というやつである。

あなたもぜひ、匂ってくる「風の流れ」を操ってほしいものである。

たとえば、麻雀という4人で競うゲームがある。それぞれが東西南北の席につき、東から北にかけて親がぐるぐると2周回るまでの点数を奪い合う。まさに、**どうやって「風の流れ」を自分に向けさせるのかが勝負の分かれ目**なのだが、敵は簡単に勝たせてくれない。

ちなみに、遥か大昔、私が大学生のとき、プロの雀士に見込まれた経験がある。そのわけは「ダブル役満」という逆転満塁サヨナラホームランと同じくらい珍しい「奇跡の一手」

を何度もあがり、プロを相手にして勝ちまくったという「勲章」があるからだ。

　まさに、営業とは麻雀ゲームと同じだ。たとえ営業中であれゲーム中であれ、**何度も何度も選択を迫られ、それを瞬時に決断していかなければならない。**結果、その判断によって成功することも失敗することもあるが、いちいち一喜一憂していたら、身が持たない。**冷静に結果を受け入れて、常に「平常心」を保つことのできる〝精神的な強さ〟を持っている人が勝つ。**負ける人は、裏目裏目にうまく運ばなくなると、カッとなって頭に血が上り平常心を失う。または、「今日はツイてない」とくよくよ嘆き悲しみ、落ち込んでいく。

「いや〜、○○さん、いつも本当は強いのに、今日は全然ツイてませんねぇ。ホントお気の毒なくらい、ツイてない」と、追い打ちをかけられると、ますます**イライラ感とくよくよ感がエスカレートしていく。そして、ゲームの流れから見放されていく**のだ。

　一方で、すべての局面でイケイケどんどんの思慮の浅い人も勝てない。**平常心で我慢を重ね、いざというここぞのタイミングでギアを上げる**ことのできる人が勝つのだ。

　平常心でゲームを楽しむことさえできれば、「天王山」がはっきりわかる。そして、流れに乗ったらもう一気呵成に攻め立てればいい。

　まさに流れを操るゲームとは、「営業の縮図」であり、「人生の縮図」である。

鬼100則 81

安定と執着を捨て「美学」を追い求めろ

耐え忍んだ営業努力が実を結び、それなりのポジションや報酬を手に入れることができると、もはやそれを手離せなくなる。「よし、このままこのまま」と、ささやかな成功にしがみついたまま、生ぬるいタスクに甘んじたくなるものだ。

たとえば、長年苦労して確立した営業スタイル、経験から蓄積された知識やスキル、地道に広げ耕してきた人脈やマーケット、熾烈な競争を勝ち抜いて得た営業マネージャーの座、そして、積み上げ安定した高額な年収。

それらが身を削って到達したステージであればあるほど、あなたは現状に酔いしれたくなる。たしかに、「もうそろそろ楽をしたい」というその気持ち、理解できないこともない。

しかし、**営業の世界は諸行無常**である。平穏な日常が永遠に続くことなどあり得ない。

あなたがそこそこの営業実績に満足し、現状のキャリアを保とうとして守りに入れば入るほど、すべては低きに流されていく。

一度上った成功のステージから、オートマチックに次なるステージへとあなたを運んでくれるほど営業の世界は甘くない。あなたは成功へのエレベーターに乗ったつもりかもしれないが、今ボーッと立っているのは、冷酷な「〝非情〟階段の踊り場」であることに気づくべきだ。

小さな成功にしがみつきたい深層心理に棲みついているのは、慢心という悪魔である。

悪魔を追い払うためには、ピノキオのように高く伸びきった傲慢なその鼻を自分の手でへし折り、怠惰にだらけきったその体に鞭を打つしかない。〝心の中の表彰状〟をビリビリに破り捨て、しがみついている「過去の栄光」と訣別しなければならないのだ。

今まで私は、安定を求めはじめた営業マンが次々と脱落する末路を、この目で見てきた。保身に執着している安定の先には、恐ろしい結末が待っている。それは深い落とし穴だ。

あなたは暗い牢獄の中で、奴隷として生きたいというのか。

現状に満足すればするほど、刻一刻と「そのとき」は近づいてくる。しかし、そのときになっては、もう取り返しがつかない。

それが嫌なら、あなたはこれから**現状維持を「捨てる決断」を繰り返し、燃え尽きるまで生きていくしかない。それこそが営業マンの美学**である。

鬼100則 82

不退転の決意を固め「背水の陣」を敷け

本当の目標のほかに「最低目標」というもう一つの低いバーを設定する〝ずる賢い営業マン〟がいる。その結果、大抵はその通りに、低いほうへと意識は流されていき、そこが最終ゴールとなる。

あなたがその未達成地獄から解放される方法はただ一つ。**〝逃げ道〟をつくっている本心を正直に認め、その道を通行止めにする**ことだ。

もっと自分の実力を信じてあげてもよいのではないのか。「あきらめの媚薬」に酔いしれて楽になるのは、もうやめてほしい。

あなたが心から手に入れたいターゲットは何なのか。

それを必ず「達成する」と決めることだ。言い訳無用、言い逃れ厳禁、正当化撲滅、と心に誓うのだ。そう、不退転の決意である。完全に「背水の陣」を敷くこと。

そもそも腹のくくり方が中途半端だから失敗するのだ。決意を固めるときはまず覚悟を決める。まずはしっかりと腹をくくることだ。

つまり、どんな失敗を犯したとしても、**絶対に後悔しない前提で決意を固める**のである。退路を断たずにいつでも引き返せると思う営業マンは、後ろを振り向いてばかりで正しい方向へは進めない。リスクを取り、退路を断って前を向ける営業マンだけが、後悔しない人生を送る権利を得るのだ。

もはや「ああすればよかった」「ああしなければよかった」という日常から卒業することである。**後ろを振り返ることなく退路を断てば、当たり前のように、前へ前へと進むしかなくなるではないか。**

願望を明確にイメージし、紙に書き出すことはもちろん、もう引き返せないようにアウトプット、アウトプット。毎朝毎晩、家族や親友、お客さまにも「コミット」すること。そして移動中や入浴中にもひたすら「自己洗脳」だ。それほどに明確にしたら、一心不乱、すべての邪念を振り払い、ひたすら真っすぐに目標へ向かってほしい。

狙いさえ定まれば、そのための達成方法はいくらでもある。困難が立ちはだかることは想定内だ。その困難を解決する方法は必ず見つかる。

本気で決意したならば、その瞬間に目標は達成したも同然なのである。

「今立っている場所」を深く掘り続けろ

成果がままならず、思い通りにことが運ばなくなると、目先の環境を変えて苦境を脱しようとする営業マンがいる。彼らはそうして短絡的な転職を繰り返すのだが、結局、何も代わり映えしない。

大抵の人は、職場を転々とするうちに、ますます行き詰まり、状況は悪化の一途を辿る。**置かれている環境をどれだけ別の場所に変えたとしても、ふたたび同じような環境問題に悩まされる**ことになるのがせいぜいだ。安易に別の職場へと移動したからといって、この世の地獄から夢の天国へ事態が反転するとは、誰も思っていないのではないのか。とどのつまり、ただその場から「逃げ出したい」だけではないのか。

「自分探し」の逃避行に出かけたまま、ずっと放浪の旅を続けている人がいるが、そのような受け身の考えで自分探しに奔走したところで、本当の自分が見つかるわけがないし、自分に都合のいい居場所など見つかるわけもない。

であるなら、投げやりに逃げ出すその前に、**今、自分が立っているその場所を、とことん深く掘り下げてみること**をお勧めしたい。自らの環境問題を追及する前に、ここは一念発起、自分自身の営業スタイルを追求してみることだ。

その環境にも、これからの努力次第では、まだまだお宝を掘り起こせる可能性があると信じ、今いるその場所で、自分を創り出す努力を続けてほしい。**問題は、あなたと職場との相性でもなければ、職業適性でもない。問題は、あなたの取り組み方**なのである。

「今、ここ」での真実と直面し、革新へと邁進しなければならない。

そうは言っても、目の前の問題と思いっきり向き合うには、少なからず根気と勇気が必要だ。できれば逃げ出したい、というあなたの感情は痛いほど理解できる。

しかし、**決して隣の芝は青くない。**

これまであなたが掘ろうとしてこなかったまっさらなその場所こそが、あなた自身の「居場所」であると信じ、深遠な採掘にチャレンジしようではないか。

そしてその場所で営業マン人生をまっとうする覚悟を固めてほしいものだ。そこに**「骨を埋める覚悟」こそが、あなたの営業マン人生を豊かにする**のである。

鬼100則 84

「慰め合う仲間」とは金輪際縁を切れ

あなたの営業活動を日々管理監督しているのは、宇宙の中でただ一人、**他ならぬあなた自身であること**は、今さら言うまでもない。さて、自らの上司であるあなた自身は、「誰とつき合うのか」というその優先順位を考えて〝指示・指導〟しているだろうか。

チームメンバーとの交流、取引業者との打ち合わせ、営業先へのアプローチ、業界関係者との情報交換、社内各部署との連携など、その人たちの**人間レベルにまで落とし込んで主体的に相手を選んでいるか**と問われたら、どうだろうか。

あくまで必要に迫られて会う、前例に従って会う、勧められるままに会う、誘われるままに会う、という成り行き任せの判断基準で「つき合う相手」を決めていないだろうか。

どうか甘く見ないでほしい。**人間レベルの低い相手との無益な仕事は、あなたの努力を帳消しにしてしまうマイナスのパワーを持っているから**要注意だ。その判断次第で、あなたの営業成績は100倍にもアップするし、100分の1にもなる可能性を秘めている。

もちろん、避けられない関係もあることはわかっている。

しかし、そのどうにもならない人間関係もまた、あなた自身が引き寄せているとしたらどうだろうか。あなたの営業成績が下がっているときには、成績優秀な人よりも、成績不振の人のほうがつき合いやすいもの。お互いに「不幸をシェア」できるからだ。ある種の傷の舐め合いである。

反対に、絶好調な人は輝いているため、眩しすぎて見ていられないもの。ジェラシーやコンプレックスなどの複雑な感情が錯綜し、あなたは居心地が悪くなる。

よって、**無意識に不幸なほう不幸なほうへと引き寄せられてしまう**のだ。

私は決して、人を差別してつき合えと言っているわけではない。不幸な人を励ましてあげたり、相談に乗り応援してあげるのであればそれでいい。**問題はあなたのスタンス**だ。

自分より不幸な人を見下したり、弱っている人をからかったり、ネガティブな人に同調したりと、そんな人脈を築いたとしても、あなたの営業成績はマイナスにしかならない。

金輪際、もう不幸な人からの誘いには応えず「慰め合う仲間」とは縁を切ってほしい。

人脈とは自分自身を映し出す鏡である。ぜひとも鏡の中の自分をよくマネジメントしてほしいものだ。

鬼100則 85

「頑張ります」をデッド・ワードにせよ

頑張って努力している見せかけの姿勢が、成果以上に評価されることもあるし、涙ぐましい頑張りを励ます美学もまた、サラリーマン営業の尊い文化だ。結果が出なかったとしても、頑張ったセールスプロセスを巧妙に証明することさえできれば、賞賛されることもあるのだから、ローパフォーマーにとって「頑張ります」とは便利な言葉である。

しかし、「頑張れば頑張るほど、成功は遠ざかっていく」という皮肉な真実に、そろそろ気づいてほしい。**ただ単に頑張っているつもりになり、結果にこだわらない生き方をしていると、いつまで経っても力がつかないから、成長もない。**

そこには、成果へ向かう工夫もなければ、戦略・戦術もなく、昔ながらの古い慣習や少ない成功体験に縛られた自己陶酔型の頑張り屋がいるだけだ。「頑張り屋の私が好き」だけでうまくいくほど、セールスは容易ではない。頑張っている〝つもり〟というぬるま湯につかっているかぎり、明るい展望は描けないのである。

もしあなたが過酷な運命を嘆くような**成績不振に陥ったとき、それは過去の問題を放置してきた〝ツケ〟である**と思ったほうがいいだろう。

問題解決や目標達成に向かい、効果的に頑張っているかどうかが大切なのであって、そもそも頑張ること自体には大した意味はない。**頑張ること自体にのぼせあがるくらいなら、最初から頑張らないほうがよっぽどまし**である。

たとえば、「できるか、できないか」を問われたとき、「できます」と答えずに、「頑張ります」と答える営業マンが実に多い。その意味をかみ砕くと、「できる自信はないので、とてもできますとは言いきれないけど、できるだけ努力はしてみます」というニュアンスが含まれている。

いやはや、とんだ茶番である。不明瞭な言霊は、やがて「できなくたって、仕方がない」「頑張ったんだから、それでいい」という甘え根性をも増殖させかねない。

もうこれからは「頑張ります」はデッド・ワードにしてほしい。いつ、いかなるときでも、結果にフォーカスした決意を口にするべきだ。

日々の口癖をあいまいな「頑張ります」から、営業目標を達成するための「いついつまでに○○をやります」という確実で具体的なコミットメントに変えなければならない。

鬼100則 86

「ニセポジティブ思考」から脱却せよ

「楽観主義こそがすべて」「ピンチのときこそ、最大のチャンスである」という楽観的なプラス思考を否定する気はさらさらない。だがはたして、そんな能天気なポジティブシンキング“だけ”で、営業の窮地を脱することができるのだろうか。

心の底からピンチがチャンスと思える営業マンは希少価値の高い“変態”である。一般の楽観的営業マンというのは**「強がり」「やせ我慢」「見当違い」の域を抜けきれていない。至極当然と言えば当然の結論になるが、「ピンチはやはりピンチ」**なのである。

現場の第一線では必ずしも、楽観的で前向きな性格の営業マンばかりが活躍しているわけではない。むしろ控え目でストイックな“悲観論者”のほうが、常に高成績を持続しているケースは少なくないのだ。

営業成績の上がらない「楽観太郎」「楽観女子」からは、ある共通点を見つけることができる。それは彼らに、行動が伴っていないという点である。

楽観的な言葉を唱え気分が高揚しているだけの「自己啓発マニア」は本物ではない。**行動が伴わないニセポジティブ人間の営業目標は、永遠に達成されない**ままだ。言行不一致で実践がまったく伴っていないのだから、いい成果など挙げられるわけがないだろう。**気休めのパフォーマンスでは、一生かかっても営業成績は改善されない**のである。

残念ながら彼らには、自分を成長させてくれる試練に対し、その問題点を客観的にデータ分析し、解決への具体的なアクションプランを実行するという習慣がない。

もし、いつも前向きなあなたが今、壁にぶつかりスランプに悩んでいるなら、ここで一度、自分自身が現実逃避している「ニセポジティブ人間」なのかどうか疑ってみるといい。

正しい解釈だと信じているその超楽観的な主張とは、問題を直視せず怠惰な生活に甘んじているもう一人の自分に、おいしいエサを与える大義名分にすぎないのではないか。

楽観主義者を気取っている「ニセポジ人間」の化けの皮をバリッと剥がすと、そこに正体を現すのは、単なる怠け者の素顔なのである。

一日も早く、「口先だけの気休めは何も生み出さない」ということを自覚してほしい。

ニセポジティブの呪縛を解く方策とは、**「なんとかなるさ」という口癖を「必ずやる」に変え、客観的かつ具体的な解決プランを実行する**こと、それ以外にないのである。

忘れた頃にやってくる「楽観」を思え

営業を極めれば極めるほど、面白くなり、楽しく感じてくるのが普通だ。

ただ、**「面白い」「楽しい」という感情は、高い目標をクリアしたり、難解な問題が解決して、ステージがもう一つも二つも上がったときに、達成感や充実感、そして感動と共にやってくる**ものだ。

ダメ営業マンは、それを著しく勘違いしている。仕事全体を長いスパンでみれば「楽しい」のであって、決して、高い目標に向かって必死になっているときや超難解な問題に立ち向かっている最中に楽しくなることはほとんどない。むしろ、その段階では辛いことばかりだ。

よって、正しく表現するなら**「楽しい」ではなく、「楽しかった」であって、進行形にはならない**。本当の「楽観」というものは、後々、忘れた頃になってやってくるのである。

それはもう現実は大変である。本気で立ち向かえば立ち向かうほど辛くて仕方がない。

だからこそ、**その苦労を乗り越えたときには、それを忘れてしまうほどに「楽しかった」**と、心から言えるのだ。その「楽しかった」が営業マン魂を呼び起こし、次の課題へとチャレンジしていくパワーを与えてくれる。

そうして繰り返される「楽しかった」という感情と共に、ますます営業成績が上がっていくのである。

ステージを次々と上げていく難易度の高いゲーム感覚で、予測不能なトラップを攻略すればするほど楽しくなるのが、本当の営業なのだ。

にもかかわらず、仕事そのものの中に〝楽園〟を探し出そうとして、迷走している営業マンが実に多い。いつまでも〝本当の楽しさ〟が見つからないのは当たり前である。

あなたの仕事が楽しくないのはなぜか。ようやっと、理由がはっきりしたのではないだろうか。

本物の楽観主義とは、現状のポジションに満足し、最低限の仕事で楽をすることではない。最大限の仕事を精一杯苦労して「楽しむ」ことだ。その仕事の中に楽しくになれる何かを見つけ続けることである。

「楽観」は忘れた頃にやってくる。そう思えるだけで〝楽しく〟なれるではないだろうか。

しっぺ返しがやってくる前の「傲慢さ」を知れ

調子の波が上昇曲線にあるときというのは、大抵「謙虚さ」を失っているものだ。たとえ下降線をたどりはじめたとしても、すぐにそれと気づかない。

恐いのは、あなたの「傲慢さ」だ。本来なら改善すべき正論であるはずのチームメンバーからのアドバイスも「文句や妬み」にしか聞こえなくなり、的を射た警告であるはずの上司や先輩からの金言も「説教やおせっかい」にしか思えなくなる。

大昔から「実るほど頭《こうべ》を垂れる稲穂かな」という自らを諌《いさ》める諺《ことわざ》も言い伝えられているが、**好業績が続いて偉くなればなるほど、謙虚さを喪失してしまう**ようだ。

イエスマンばかりとつき合い、傲慢な態度で子分を従えるようになったら、あとはもう時間の問題だ。

遅かれ早かれ、しっぺ返しはやってくる。「いい気になるなよ」という試練にガツンと頭を叩かれ、ピノキオのように伸びた鼻っ柱をへし折られるのだ。

それでもまだ「こんなはずじゃない！」と言い放つ懲りない面々もいるようだ。愚かにも、絶好調時の幻想に溺れ、茫然自失のまま淘汰されていった一発屋も少なくない。

彼らは、**「お客さまのおかげ」「仲間のおかげ」を忘れ、「俺はすごい」「私の功績」などと思い上がり、味方が離れていってしまった**のだ。

そんな彼らが、どん底の挫折感を味わうことは必然だろう。そこではじめて、地獄から立ち直ろうと、やっと「自戒」することになるのだが……。

改心して「謙虚さ」を取り戻そうとするまではいい。しかし今度は、その「謙虚さ」をはき違えてしまう人が現れる。「自己卑下」してしまうのだ。極度の失敗から自信を失ってしまうのも無理はないが、**謙虚であることと「卑屈になる」ことは正反対の意味**である。

ペコペコと卑屈になってお客さまの同情を誘うことではない。自己主張を控えて仲間のわがままな言動に振り回されることでもない。高圧的な上司のしもべとなって服従することでも、もちろんない。やはり、卑屈にならない「本物の謙虚さ」がなければ、よい成果を挙げ続けることはできないのだ。

「おかげさまで」という謙虚パワーを発揮するからこそ、お客さまや仲間に後押しされた好循環が生まれ、上昇曲線は右肩上がりに伸びていくのである。

鬼100則 89

愚かな相手を裁かず「棚に上げた自分」を重ね合わせろ

営業組織とは、能力やスキルは高いが**人間的には未成熟な者たちの集合体**である。

朝令暮改は当たり前でブレまくる営業本部長。無理難題を押しつけては怒鳴り散らす支社長。自己中心的で偉そうな態度の営業マネージャー。嫉妬やいやがらせに執念を燃やす粘着質のライバル社員。迷惑をかけても反省のかけらもない猪突猛進な新人営業マン。

「奴らは最低ランクの人間だな」という怒りのこもったあなたの心の中の叫び声が聞こえてくるようだ。斬って斬って斬りまくる裁きの嵐が吹きまくっているに違いない。

厳しい非難を加えたくなるあなたの気持ちはよくわかるし、裁判官となって、腹の底で「極刑」の判決を言い渡したくなるその気持ちも、痛いほどよく理解できる。

しかし、私はその憤りの裏側に隠れているあなたの傲《おご》りに対して、危険を感じずにはいられない。**人を非難しようとするとき、あなたは、「自分は彼らとは違う人種だ」というような気持ちで相手を見下していないだろうか。**「自分はいい人、彼らは悪い人」という倫理観で区別していないだろうか。

もちろんあなたが非難だけではなく、しっかり反面教師にしていることもわかっている。ただ、心配なのは、その反面教師の中に高慢さが垣間見えることである。**その傲慢とも言える勘違いが、いつか過ちを生む恐れを秘めている**ことを自覚するべきだ。

相手を見下すその前に、あえて謙虚に自己評価してみることだ。見下して相手を裁くことができる資格があるのかどうか、自分は本当にいつも完璧なのか、ということを自省してほしいのである。

「自分はあんな人じゃない」ではなく、「自分はあんなことをしてしまわないように気をつけよう」という心構えを常に持ってほしい。それが本当の反面教師ではないだろうか。

これからはもう、正義の仮面を被り非難する〝エセ裁判官〟になってはいけない。裁かれている相手と裁いているあなたは紙一重なのだから、気づかぬうちにあなただって、どこかで誰かに裁かれているかもしれないと思ったほうが賢明だ。

一方で、人を見下していると、それらの愚行を見て安心してしまうという傲りも生まれかねない。「ああ、バカだな」と見下して安心するのではなく、**「愚かな人」と「棚に上げた自分」を重ね合わせてみようではないか。**

「ご機嫌」をコントロールせよ

元気が出ない朝もある。苦情対応で困惑することもある。激務の日もあるし退屈な日もある。同僚と喧嘩になることもある。大事な書類を紛失し落ち込むこともある。体調不良が続くこともある。家族が入院することもある。成績不振で気分が乗らないこともある。

そんなときは、誰だって上機嫌ではいられない。気持ちがどんよりする。

しかし、仲間たちはあなたの不機嫌に敏感だ。なるべくあなたの機嫌のいいときに近寄って、機嫌の悪いときには遠くから眺めているという、絶妙な距離感を保っている。

お客さまの前ではなおさらだ。あなたは気づいていないかもしれないが、そのテンションの低さは隠しようもない。多くの営業マンは、**自分が不機嫌であるという自覚がほとんどない**。他人の機嫌には敏感だが、自分の機嫌には意外と鈍感なものだ。

しかし、これだけは言っておく。**あなたの自分本位なイライラが、さまざまなご縁や営業チャンスを遠ざけている、**ということを。

だからぜひ、上機嫌という名の最高級のスーツを身にまとい、感情をコントロールする強さを見せてほしい。大きなアクシデントに見舞われたときでさえ、「上機嫌パワー」を落とさず、落ち込んだ様子を見せてはいけない。**何かにとらわれている弱さを見せてはいけない**のだ。

といっても、ただ単にハイテンションに振る舞えと言っているわけではない。大切なのは、心の安定感である。

営業マン人生には３つの坂がある、と言われている。上り坂と下り坂、そして、「まさか」である。「下り坂」や「まさか」の事態からあなたを救ってくれるもの、それは「上機嫌」の心だ。右肩上がりの営業マン人生を望んだとしても、現実はジェットコースターのように山あり谷あり。自分の力だけではどうにも脱出できない不運もある。

あなたは天から〝試されている〟のだと思うことだ。「こんな逆境のときに上機嫌でいられるか」ということを。不遇な環境やスランプをも、ジェットコースターのように「キャー！」と楽しめるようになれたら、事態は一気に解決に向かい、好転しはじめる。

所詮、上り坂の時期など、そう長くは続かない。**下り坂の逆境を上機嫌で楽しみ、空を見上げて歩き出すこと、それしか道はない**のである。

「泣き言」を封印し自分の足で歩け

もしかするとあなたは今、理不尽なことに不平不満が消化できないまま、思い通りにいかないことにも落ち込み、営業成績は上がったり下がったりと安定しない、そんな現実に「ツイてないよ、まったく」などと泣き言を漏らしているのではないだろうか。

たとえば、お客さまに裏切られ、人間不信に悩むこともあるだろう。赴任してきた鬼マネージャーから激しい恫喝に遭うこともあるだろう。株価が下がって不況に陥り、収入が激減することもあるだろう。

しかし、しかしである。そもそもお客さまは自分自身を映す鏡なのだから、すべての人間関係は自業自得である。パワハラ上司の類は、多かれ少なかれ、どの組織にも生息している。景気などはもともと不安定なもの、それをあてにするほうがおかしい。

であるならば、どうにもならない不合理な出来事に対して「泣き言」を言い、落ち込んでいるなんて、〝二重の苦しみ〟になるのではないか。それではあまりにも悔しすぎる。

これからはもう、それらの**厳しい現実に対し、「自らが選択した結果」という解釈を持って真っすぐに受け入れてほしい。**

たとえその選択が「不正解」だったと悔やむような試練が訪れたとしても、いずれ「いかなる失敗や障害も〝大正解〟だったことにしてみせる」という気概こそが、現状を突破する営業パワーを生み出すのだ。その解釈の積み重ねが、これから5年後、10年後と継続していく成果を生み出すのである。

そのためには、心が折れないよう、あなたの前向きなメンタリティを徹底的に磨いておくことである。**常に何事も素直な心で肯定的に解釈し、「これもまた大正解にしていく」というフレーズを唱え続ける**のだ。

後々になって、「ああ、そうか。あのときのあのことがあってこそ、今の成功がある」という、人生大逆転の解釈が〝営業パワーの源〟なのである。

もうそろそろあなたも、**くよくよと「泣き言」ばかりの営業から卒業し、心からすべての出来事を「大正解」にする生き方に進化**してみたらどうだろう。

頼りない何かにすがることも、依存する誰かに裏切られることもない営業マン人生を、自分の足だけで歩んで行こうではないか。

鬼100則 92

地獄の「被害者病棟」を抜け出せ

ではここで念のため、世にも恐ろしい伝染病に冒されていないか、自己診断してみよう。その伝染病とは、営業マン人生を破壊する恐れのある厄介な病原菌を持つ「せい病」のことだ。「せい病」を発症している営業マンは、自らの努力不足やスキル・知識の低さを棚に上げ、売れない理由をお客さまやマーケットのせいにし、営業成績の不振を会社や商品のせいにし、目標未達成による低評価を上司のせいにしている。

すべては自分以外の〝せい〟だ。被害者を装った彼ら「せい病」患者たちは、ウイルスに感染していることに気づいていない。

目の前の課題と直面しようとせず、その原因を自分以外に押しつけ、誰かを恨んでいるか、何かに憤っている。被害者意識の塊となり、いつも嘆いている。責任転嫁したまま、あきらめの境地をさまよっているのだ。

自覚症状のない被害者意識ほど恐ろしいものはない。

頑なに「自分は悪くない」と思い込み、ぶつけようのない苛立ちと、どうにもならない閉塞感いっぱいの世界で〝被害者病棟〟へと堕ちていくのである。

決してあなたも他人事とは言いきれない。よって細心の注意が必要だ。

「せい病ウイルス」から身を守るには、免疫力を高め、感染経路を断つしかない。

「誰のせいでもない。すべては自分のせい」であると自覚し、何度も何度も何度でも、この言葉を呟き続けてほしい。そしてできる限り、**「せい病患者」には近づかないこと**である。

「せい病ウイルス」の増殖は留まることを知らない。もの凄い速さで伝染し、勢いを増しながらさらに増殖していく。やがて、営業マンが屍になるまで食い尽くしていくのだ。

そんな取り返しのつかないことになる前に、一日も早く地獄の〝被害者病棟〟から足を洗ってほしい。

人のせいにする卑怯な自分を追放し、自分に降りかかるすべてのことは「自分のせい」という解釈の下に、**潔く責任の取れる「免疫力」を養ってほしい。**

いつも清潔で、潔癖で、純潔で、健全なる営業活動を行ってほしいものだ。

病原菌を寄せつけない澄みきったキレイな心を保つことである。

鬼100則 93

ただの傍観者でなくただ一人の「当事者」になれ

「このままの営業体制ではダメだ。誰かに何とかしてほしい」といった発言を耳にすることがある。たしかに実際、自分ではどうにもならないことがあるのかもしれないが、魔法使いのように手っ取り早く「誰かが」事態を解決してくれることは、ほとんどない。いつまでも誰かに期待していると、大抵は深刻な事態へとこじれていき、自らの首を絞める。そもそも自らは「動かない」という成り行き任せで現状が改善されるほど、営業組織は甘くない。

ではいったい、誰が現状を打開してくれるのか。

それは、上司なのか、会社なのか、それとも神様なのか。

当事者意識が希薄で、クールに傍観者を気取るのが好きな営業マンは、いつも「他力本願」で手を合わせ祈っている。しかし、誰かがやってくれるという他力本願では、運だって味方してくれない。〝他力本願寺〟には「神も仏もない」のである。

だからまず、自らが行動して流れを変えることである。「誰かがやってくれるだろう」ではなく、「あなたがやる」のだ。あなたが勇気を持って動き出すのである。わずか1センチでもいい、ほんの1ミリでもいい。**あなたが行動することで「結果」が動いていく。**

あなた（組織）の固定概念や知識は古くなっていないだろうか。もう一度初心に返り、情報収集や猛勉強が必要なときなのかもしれない。

あなた（組織）のセールススキルは錆びついていないだろうか。もう一度初心に返り、トークの見直しやロールプレイが必要なときなのかもしれない。

あなた（組織）の活動量は落ちているのではないだろうか。もう一度初心に返り、データを分析した正確な振り返りや新たなマーケット開拓が必要なときなのかもしれない。

あなた（組織）のメンタルはネガティブになっているのではないだろうか。もう一度初心に返り、夢や目的に向かって、ブレない目標の再構築が必要なときなのかもしれない。

たとえば、そう、あなたの目の前にゴミは落ちていないだろうか。**もう一度初心に返り、そのゴミを拾い上げる「汚れなき純潔さ」が必要なときなのかもしれない。**

小さな第一歩を踏み出し、**当事者としての行動をコツコツと積み重ねることで、「新たな活路」が生み出される**ことがあると信じ、能動的に動き続けることである。

理想と向き合い率先して「責任者」に立候補せよ

今の時代、昇進など狙わずに、一生気楽にプレーヤーとして働きたいと、「責任者への道」を歩まない営業マンが急増中である。

マネジメントは大変そうだからやりたくないと言い、プロジェクトリーダーなどの面倒な役割も引き受けたくないと言う。収入も上がるほど仕事内容も大変になるので、給与はほどほどに低所得でもかまわないと言う。結婚という制度にしばられたくないから、しばらく独身でもいいと言う。

とにかく、できる限りの「責任」から逃れたいのだ。

本当に彼らは、**そんな〝無責任〟な生き方に心から満足しているのだろうか**。本当に出世したくないのか。本当に収入を上げたくないのか。本当に結婚したくないのか。もし本当にそうなら頭を下げて謝りたい。どう生きようとあなたの自由だ。

しかしながら、どこか「正直さ」が欠けているという気がするのは私だけではないだろう。

本心はきっと違うはずだ。出世もしたいし、お金もほしい。家族を持って愛に満たされた生活がしたいに決まっている。

であるなら、心から素直に自分自身と直面してはどうだろう。まずは**「理想」と正直に向き合うことが、幸せな営業マン人生へのスタート地点である。**

妥協せず、あきらめず、もっと自分自身の人生を大切に扱って生きていくべきだ。

所詮、**生きている限りはさまざまな「責任」から逃れられない。**「責任」から逃げてばかりの逃亡者はいつか迷路に嵌《はま》る。やがて堂々巡りの苦難が押し寄せてくるに違いない。残念ながら、「逃亡生活」はそう長く続かないのだ。

その苦難とは、退屈で張り合いのない日々なのか、我慢を強いられた最低限の暮らしなのか、愛のない孤独な人生の末路なのか。

いずれにせよ、それらを回避するためには、**自分の人生に「責任」を背負い、本気で成長すると覚悟を決める**しかない。

まずは、**どんな小さな営業の仕事でも責任者を目指す者としての自覚を持つ**ことが大切だ。責任を負う姿勢を崩さなければ、ワンステージ高い大人の営業マンとして、確実に進化し続けることができるのである。

鬼100則 95

「親孝行」を極め営業スピリッツを磨き上げろ

私が外資系生保の支社長として100名以上の精鋭部隊を率いていた頃、営業社員全員のご両親宛に、私から手紙を出したことがある。社内での活躍を報告する手紙だ。社員それぞれの特長を生かした仕事振りや、いかに会社に貢献してくれているかを書いた。

すると多くのご両親から私宛にお礼の返事が届いたのだが、そこにはある傾向があった。それは、成績優秀な社員のご両親ほど返信率が高く、手紙の中身が濃かったことだ。

返信を読むと、**営業マンたちが親孝行している日常が感じられ、親子関係が良好であればあるほど、その社員の営業成績が高い**というデータも読み取れた。

親への感謝の気持ちなくして、真の成功者にはなれない、という何よりの証明であろう。大優先すべき親孝行を「照れくさい」「遠方に住んでいる」「いずれそのうちに」といった言い訳で先延ばしする営業マンは、パフォーマンスも期待できない。

親に限らず、感謝の気持ちを相手に伝えることは、成功者の大原則である。自分を生んで育ててくれた大恩人の両親を放っておいて、お客さまに見せかけだけの思いやりを押しつけても、虚しい心の「矛盾」は解消されない。

よって、**親不幸者はハイパフォーマーになれない**のである。親に心配をかける愚行など、もはや論外だ。たとえ実質的な親孝行はできなかったとしても、せめて営業の仕事で大活躍をして、親を安心させてあげたらどうなのか。それが何よりの親孝行になると言えるのではないだろうか。もうすでに両親が他界してしまったという人であっても、お墓の掃除をしたり、仏壇にお供え物をして手を合わせるだけでもよいだろう。

大切なのは、恩を返す感謝の気持ちだ。どんな形であれ、親孝行を実行に移すことさえできれば、あなたの営業成績は向上する。

ちなみに、私はかなりの親孝行息子だと自負している。我が家は三世代同居の７人家族、昭和ひと桁生まれの両親を扶養し、毎月高額なお小遣いを渡している。「収入に余裕があるから親孝行も容易にできるのだろう」と皮肉る人もいるが、私には、ある確信がある。

高収入を得ているから親孝行できているわけではなく、「親孝行してきたから高収入なのである」と。同居を境にして営業実績が急上昇していったのは事実だ。念願だった本の出版が実現し、作家としての人生がスタートできたのもこの頃なのである。

鬼100則 96

「エキサイティング」な自分になれる仕掛けをつくれ

私の支社長時代には、自らが輪の中心となって、**毎朝「感謝の100秒スピーチ」というコーナーを開催してきた。**全員の前でメンバーが交代して一人ずつマイクを握り、最近起こった嬉しいエピソードや朗報を50秒、今日起きてほしい願望を50秒、計100秒という時間を目安にして「感謝のスピーチ」を発表するのだ。まだ起きていない出来事でも「○○というツイてることがありました」と過去完了形にして堂々と言いきるルールだ。

拒絶の多い営業の世界で、毎日のようにいいことばかりをスピーチするのは至難の業。だからこそ、**当たり前の日常の中にある幸福や、不幸な出来事の中にある教訓を、ポジティブな解釈ですくい上げ、感謝のスピーチに変える、**そのためのトレーニングが目的だ。そうしてプラス思考のスピーチをシェアしていけば、メンバーはお互いに前向きな影響を与え合うこととなる。

どのメンバーをスピーチ担当に指名するのか、すべては私の采配次第。**全員が毎朝「い**

いこと」を考え、心の準備をしておかなければならない。

かくして私の合図がかかると、元気よく全メンバーの手が一斉に挙がる。初めの頃は、単に挙手するルールであったが、やがて、椅子から立ち上がって大声を張り上げる、ジャンプして手を振り回す、踊りながら飛び跳ねる、猿のものまねをしながら手を挙げる、というように次第に私のお題もエスカレートしていった。朝からいい大人が全員でオフィスを飛び跳ねている姿を見ていると、あまりの真剣さに私は感動すら覚えた。

このスピーチが、全社的に話題となり、本部主催のマネージャー会議でビデオ上映されたこともあった。もちろん「好事例として」である。

エキサイティングな朝礼効果によって勢いを増した私の営業部隊が、全社平均の3倍もの生産性を挙げる断トツトップのチャンピオンチームへと成長していき、ハワイコンベンション・ゴールドプライズを獲得するに至った事実は曲げようもない。

やはりそうして声を出しながら体を動かすと、**快楽物質が体中を駆け巡り、エネルギーが湧いてくる**ものだ。**遠慮も消極性も羞恥心も、そして弱気の虫もどこ吹く風、誰もがエキサイティングに働くことができた**のである。

ぜひ、個として戦うあなたも、エキサイトできるポジティブな仕掛けをつくってほしい。

鬼100則 97

「アナザー」を追い払い直観で決断しろ

天国か地獄か。二者択一の断崖絶壁に追い込まれることが、営業の世界ではよく起こり得る。その絶体絶命の場面でいつもズバッズバッと正しい決断ができたら、こんな楽なことはない。正解を常に選択することさえできれば、あなたの営業マン人生は安泰だ。

では、いったいどうやって決断をすればいいのか。意外にもその答えはシンプルである。**瞬時の「直観」に従えばいい。「理屈」ではなく「直観」で決断する**のだ。

と言っても〝勘〟違いしないでほしい。決して「感」だけで判断する直感ではない。〝観る〟とは、すなわち、真実から目を逸らさずに直視するということ。直面することだ。**事実の中の本当の事実だけを、ありのままのあなたの心眼で、観察してほしい**のである。

そのようにして、根拠のある「直観」で選んだ道なら間違いはない。

ところがあなたは、つまらぬ正当化をして、事実を捻じ曲げてしまうため、結局、誤った判断をしてしまう。「みんながやっているから」「嫌われたくないから」「怒られるから」

というように、**主体性のない判断は自分自身のためにならない。**

「直観」が冴えないのは、「あなたが偽者である」からだ。「偽者のあなた」というのは、周囲の環境や心ない人々からの悪影響を受けて右往左往しているあなた自身のことだ。

私は、この〝もう一人の自分〟のことを「アナザー」と命名した。

「アナザー」の陰に隠れているあなたは、世の中の真実も、人間関係の本質も〝観えていない〟ために「直観」が鈍り、裏切られたり、傷つけられたり、支配されたりと、さまざまな「悪意」に振り回されるはめになるのだ。その結果、偽者のあなたは「やっていられない」と自暴自棄になり、ますます短絡的な行動に走ることになる。

これからはもう、**すでに正解を知っている「本物のあなた」に答えを聞いてみることだ。**

自然体で正直に、肩の力を抜き、正義の名のもとにあるがままの自分らしく決断してほしい。高潔に生きて「自尊心」を取り戻すことができれば、真実が観えてくる。

そう、面白いように「直観」が冴えわたり、幸運な営業マン人生へと導いてくれるのである。不幸な人に振り回される心配もなくなるだろう。

一刻も早く、アナザーを追い払い、豊かな営業マーケットを構築できる判断力を取り戻さなければならない。

最高のスキル「インティグリティ」を磨け

自信を喪失しているときには、何をやってもうまくいかない。

しかしいくら「自信を持て、自信を持て」と言い聞かせたところで、どうにもならない。実は、自信を喪失させている根本的な原因とは、**「自分は価値のない、悪い人間である」という得体の知れない〝後ろめたさ〟や〝罪悪感〟**なのである。

「能力レベル」と「高潔レベル」はまったく別次元であると理解してほしい。たとえば、ロールプレイが上手で、知識も豊富という人がいたとする。しかし、いくら能力が高かったとしても、その人の「高潔レベル」が低ければ、営業成績は波を打ち、安定しない。

「高潔さ」という言葉を辞書で調べてみると、**「人柄が立派で、利欲のために心を動かさないこと」または、「常に厳しい態度で自らを律し、他から尊敬される様子」**などと書かれている。「高潔」の類義語というのは、「誠実」「公平」「正直」「健全」「清廉」「倫理」「道徳」「正義」などである。インティグリティという言葉の意味は、単なる誠実さというよりは、

「人格的に完璧でなければならない」というのが、欧米における定義だ。

有名なＳＦ映画『スターウォーズ』では、スカイウォーカーとオビ・ワン両将軍の「悪を倒す正義」を象徴する宇宙船として、「インティグリティ号」が大活躍した。

業績が上がらない営業マンは、「インティグリティ（高潔さ）」を磨くという、本来なら最優先すべき努力を怠っている。だから本物の自信がつかない。

誰にでも「良心」があるはずだ。**営業マンとして成功したいなら、その良心を育て、自らのインティグリティ・パワーに磨きをかけること**である。

前述したように、「あなたは偽者である」という「アナザー理論」を受け入れてみてはどうだろうか。

「自信」をコントロールできないのは、インティグリティの欠如した無秩序な「もう一人のあなた」が〝後ろめたさ〟や〝罪悪感〟をつくりだしているからだと思ってほしい。

「もう一人の偽者の自分」から幽体離脱して、俯瞰してみれば、そこには、短絡的な行動や目先の利益に走っているあなたが見えてくるはずだ。

インティグリティに基づく生き方に改心できたとき、もう一人の偽者は消えていく。

あなたはあなたらしく、「自信」に満ち溢れた営業マン人生を歩むことになるのである。

「遺書」を書いて最期の営業に臨め

人間には、必ずお墓に入る日が訪れる。100パーセント間違いなく死はやってくる。これは普遍の真実だ。悔しいが「そのとき」を避けて通ることはできない。

しかも困ったことに、いつ「そのとき」がやってくるかわからない。よって私たちは、その恐ろしい真実を、日常ではあまり考えないように暮らしている。

ではここで、限られた営業マン人生を謳歌したいと願うあなたに問いたい。**あなたが叶えたい目標に、果たして〝期限の札〟はぶら下がっているだろうか。**

私が言う目標とは、会社から与えられたノルマやバジェットのことではない。あなたが**心から叶えたいと願う、人生の目的・目標のこと**だ。人生の期限が「死ぬときまで」であるとするならば、あなたにはその締切日までに成し遂げておきたい願望があるはずだ。

しかし、「いつか叶ったらいいな」というその願望は、明日の死を意識することなく、呑気に暮らしている人に叶えられることはない。夢見心地に酔いしれ続けるためには、結果に向かうよりも先延ばしにして生きていくほうが、都合がいいようである。

そんな弱気なあなたであっても、現実の社会においては、**締切日が近づいてくると、「こうしてはいられない」と、いつも以上のパワーを発揮しはじめる**のではないだろうか。

期初においては、「そのうち」と後回しにしていたあなたも、締め切り直前になりゴールが近づいてくると、尻に火がついて行動しはじめるに違いない。

そのマインドと同じように、**明日やってくるかもしれない「人生の最期＝締切日」をはっきりと意識する**ことさえできれば、目標に向かって積極的なパワーがみなぎり、スピードも活動量も飛躍的にアップしていくだろう。

そのためにはぜひとも、**明日の死を覚悟して、家族宛ての「遺書」を書いてほしい。**

自分の人生に期限が迫っているという現実を意識しながら、明日の死と真摯に向き合いはじめると、**本当に自分がしたいこと、目指すものなど、自分らしい生き方が見えてくる**ものだ。

締切日は明日であることを覚悟して、今日という日を〝生き切る〟こと。そうすれば、あなたの一日一日、一時間一時間、そして一分一秒が輝き出すことになるだろう。

「そのうち」「いつか」は、永遠に訪れない。人生の締切日は、「今日」「いま」「すぐ」だ。

人生という営業ドラマの「主人公」を演じろ

おこがましい奴だと誤解されることを恐れずに言えば、私は新卒営業マンのときから、自分が会社の中心的存在なんだと思い込み働いてきた。支社長になっても、経営陣に迎合することなくトップの意識を持って行動してきた。6万人という超大企業に転職したてのときでさえ、「主人公」はいつも自分だった。現在は営業本部のど真ん中にいるが、その新規チャネルをゼロから立ち上げた初めの一滴（一人）は私であり、実際に私が「主人公」でいなかったら、大きな川（数百名）となって流れることはなかった、という自負もある。

営業組織という舞台の「主人公」は、いつも自分自身であり、私は気持ちよく**ドラマの中の唯一無二の個性派俳優として「主人公」を〝演じる〟**ことができた。

営業マンが100人いれば100通りのドラマがある。たとえ平々凡々なあなたであっても、あなた自身の人生ドラマにおいては、かかせない存在となる「主人公」なのだ。

そして、ドラマの主人公があなたであるのと同時に〝脚本〟を書いているのもあなた自身。

お客さまとの関係性や所属組織の配役は、すべて自分自身が創造した産物であり、脚本家のあなた自身が描いた物語だ。あなたは脚本を自由に書き換えられる主人公であり、あなたの周りに見えている映像は〝演出家〟であるあなた自身が好んで撮影している景色なのだ。すべてはあなたの意志が現実をつくっていくのである。

ときとして、ドラマの主人公には試練や苦難がつきものだが、ハプニングがなければ物語は面白くない。結末には、どんでん返しもあるし、正義は必ず勝つ。あなたがただ会社にコキ使われているだけの脇役やエキストラではなく、**会社はあなたの人生を演出するための「檜舞台なんだ」という意識を持てたら、毎日がキラキラ輝き出す**ことだろう。

主人公であるあなたなら、不撓不屈の精神でその困難を乗り越えることができるだろうし、最後まであきらめず最善を尽くして、営業目標を達成し続けることもできるだろう。

主人公であるあなたなら、常に営業チームの先頭に立って道を切り開いていくだろうし、同僚たちが憧れるモデル的存在にだってなれるだろう。

主人公であるあなたなら、失敗を教訓にして謙虚に学び続ける姿勢を忘れないだろうし、お客さまへの感謝の気持ちを持って信頼関係を構築していくことだろう。

ドラマの主人公はどんなときもカッコいい。そして、ハッピーエンドだ。

あなたの心の底に眠っていた「鬼」は、目を覚ましただろうか。

おそらく、ここまで読了したあなたは、みなぎる自信とパワーが蘇り、今すぐにでも外へ飛び出して営業を始めたいほどに、士気が高揚しているのではないだろうか。

鬼の金言を通して、あなたの営業魂に火がついたのであれば幸いである。

一方、もともと営業の実力は折り紙つきで、さらにもっと腕を上げたいと思い、本書を読み込んでくれた「鬼のようなあなた」であるなら、もはやこれで〝鬼に金棒〟になったに違いない。

こうして、100項目にもわたる「鬼営業の奥義」を1冊にまとめ上げ、贅沢極まりないプレミアムな営業本が誕生したことは、かねてからの私の念願が叶い、改めて感動しきり、〝鬼の目にも涙〟である。

超実践的な鬼スキル、超本質的な鬼アクション、超具体的な鬼ハビッツ、そして、超刺激的な鬼スピリッツと、「ここまで濃密なコンテンツが詰まった営業指南書は、いまだかつて存在しなかった！」と、声を大にして叫び出したい気分だ。

鬼の定義とは、「あなたが元来持っているにもかかわらず、普段は発揮しきれていない**忍耐強さやバイタリティを生かし、理性と知性と愛を持って、願望を叶えていく〝途轍もない力〟**のこと」である。

「営業の鬼100則」を完全にマスターしたあなたであれば、もうすでに将来の成功は約束されたも同然だ。

その未来（来年）の話を声高らかに吹いたところで、決して〝鬼は笑わない〟。

本書が、永く後世の営業マンたちへと語り継がれていくロングセラーとなってくれることを、心から願ってやまない。

多くの営業マンが本書を手に取ってくれることにより、〝渡る世間は鬼ばかり〟になってくれたら、喜ばしい限りである。

最後になったが、このたびの出版に当たり、明日香出版社の方々から多大なるご協力を賜り、この機会を得た。

そして何より、編集担当の古川創一氏からの「鬼」のように的確なアドバイスと、「仏」のように心温まる励ましによって、ここに本書が誕生した。

謹んで関係者の方々に感謝申し上げたい。

早川 勝

著者
早川勝（はやかわ・まさる）
神奈川県に生まれる。
世界有数のフィナンシャルグループを母体とする外資系生命保険会社に入社以来、圧倒的なトップクラスの成果を上げ続け、数々のタイトルを獲得。その後、営業所長としても社内で最大かつ最高の生産性を誇るコンサルティングセールス集団を創り上げ、No.1マネジャーの称号を得る。
支社長に就任後、どん底支社を再生させ、100名中35名のMDRT（Million Dollar Round Tableの略、世界79の国と地域でトップ数%が資格を有する卓越した生保のプロによる世界的な組織）会員を擁する組織を構築。主要項目「10冠王」を獲得し、「連続日本一」となる。
その後も生保各社からオファーを受け、営業組織の統括部長や営業本部長として、歴史的改革や新規プロジェクトの指揮を執る。現在も営業マネジメントの最前線で活躍中。

主な著書に、ベストセラーとなった『死ぬ気で働く営業マンだけがお客さまに選ばれる』（かんき出版）をはじめとする「死ぬ気シリーズ・4部作」や、『どん底営業チームを全国トップに変えた魔法のひと言』（日本能率協会マネメントセンター）、『「最高の結果」はすべてを「捨てた」後にやってくる』（総合法令出版）、『ツイてない僕を成功に導いた強運の神様』（大和書房）、『やる気があふれて止まらない』（きずな出版）、など多数。

営業《えいぎょう》の鬼《おに》100則《そく》

2018年 9月19日 初版発行
2024年 12月19日 第39刷発行

著者　早川勝
発行者　石野栄一
発行　明日香出版社
〒112-0005 東京都文京区水道 2-11-5
電話 03-5395-7650
https://www.asuka-g.co.jp
印刷・製本　シナノ印刷株式会社

ISBN 978-4-7569-1989-2

営業のプロが新人のために書いた はじめての「営業」1年生

野部　剛

「まずは 100 枚名刺をもらってこい」なんて意味がない。営業は根性論ではなく、科学するんです！はじめて営業に出る人に読んでほしい1冊！
「トップ営業マン」の行動を落とし込んだ正しい営業行動を下敷きにした営業プロセスを 1 年目から身に付けましょう。

本体価格 1400 円＋税　B6 並製　224 ページ
ISBN978-4-7569-1837-6　2016/09 発行

やむなく営業に配属された人が 結果を出すために読む本

長谷川　千波

営業という仕事に苦手意識を持っているにもかかわらず、会社の都合により、配属や異動で営業をせざるを得なくなった人は少なからずいる。営業に苦手意識を持っている人は、どういう心構えを持ち、どういうプロセスで結果を出していけばいいのか？　人見知りでお世辞にも営業上手とはいえなかった著者が結果を出した経験をもとに、実践的な方法を紹介します。

本体価格 1500 円＋税　B6 並製　240 ページ
ISBN978-4-7569-1870-3　2016/12 発行

世界 No.1 営業マンが教える やってはいけない 51 のこと

財津　優

外資系トップ営業マンが実際にやっている営業術を 50 項目で解説。朝から晩まで働いている割に売上につながらない、お客さんに気に入られているものの売上が上がらない、安売り・値引きなどにより利益率が低い、などの悩みを解決します。

本体価格 1500 円＋税　B6 並製　240 ページ
ISBN978-4-7569-1887-1　2017/03 発行

トヨタで学んだトップ営業マンの「売れる」技術

酒井　亮

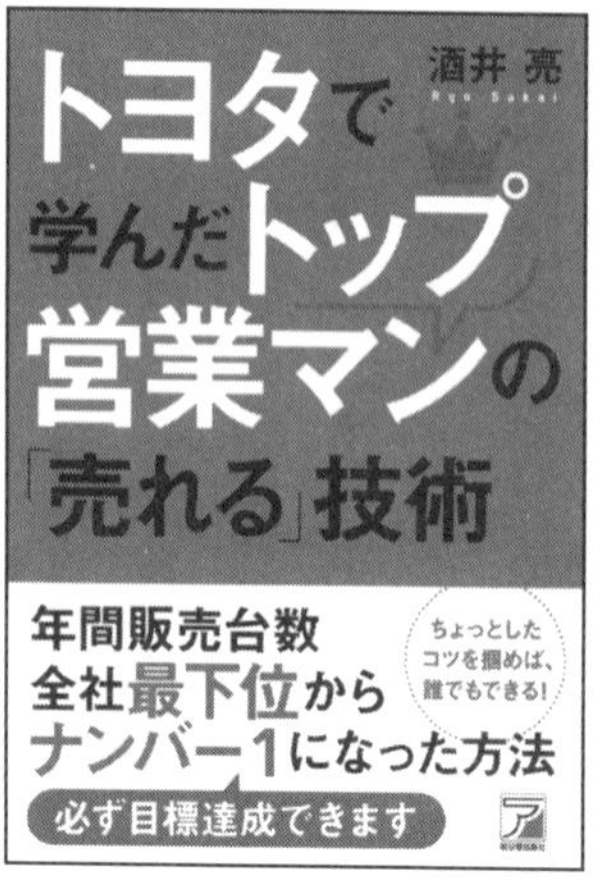

著者の実際の経験をベースに、どのようにして、お客様に購入してもらうかをまとめた本。
泥臭い営業をやってきたからこそわかる、失敗例や成功例を載せてまとめてあります。
お客様を購買へ導く、営業マンがやるべき行動と考え方、そして話し方をまとめています。

本体価格 1500 円＋税　B6 並製　240 ページ
ISBN978-4-7569-1967-0　2018/05 発行

ミス・ロスが激減する！ 話し方・聞き方・伝え方

中尾　ゆうすけ

会話、メール、会議、報連相など、人と人とがコミュニケーションを取るときに陥りやすいミスをなくす方法。「言った、言わないでもめる」「人によって、捉え方が違う」「悪気はないのに怒らせてしまった」「報告しなくちゃと思っていたけど、忙しくて忘れた」などのコミュニケーションミスを回避します。

本体価格 1400 円＋税　B6 並製　232 ページ
ISBN978-4-7569-1949-6　2018/02 発行

稼げる人が大切にしている話し方

栗原　典裕

トップビジネスマンの話し方と雰囲気づくりが学べる本です。商談やプレゼンではよくしゃべればいいかと言えば、そうではありません。相手と自分の距離感、話題の選び方、信頼を得られるような恰好やリアクションなどが必要です。トップビジネスマンは言葉を上手に使い、稼ぐことができています。

本体価格 1400 円＋税　B6 並製　200 ページ
ISBN978-4-7569-1923-6　2017/09 発行

1分で打ち解ける！ 戦略的な雑談術

伊庭　正康

会話の糸口をつかむ際、雑談は効力を発揮する。この本では、望むべき結果に導くための雑談手法を紹介する。
アイスブレイクするための雑談、自己開示するための雑談、会話を盛り上げるための雑談など、著者が目的を考えて使っている雑談フレーズとともに、それにどんな意図があるかも含めて解説。

本体価格 1400 円＋税　B6 並製　232 ページ
ISBN978-4-7569-1941-0　2017/12 発行

言いたいことが確実に伝わる　説明力

五十嵐　健

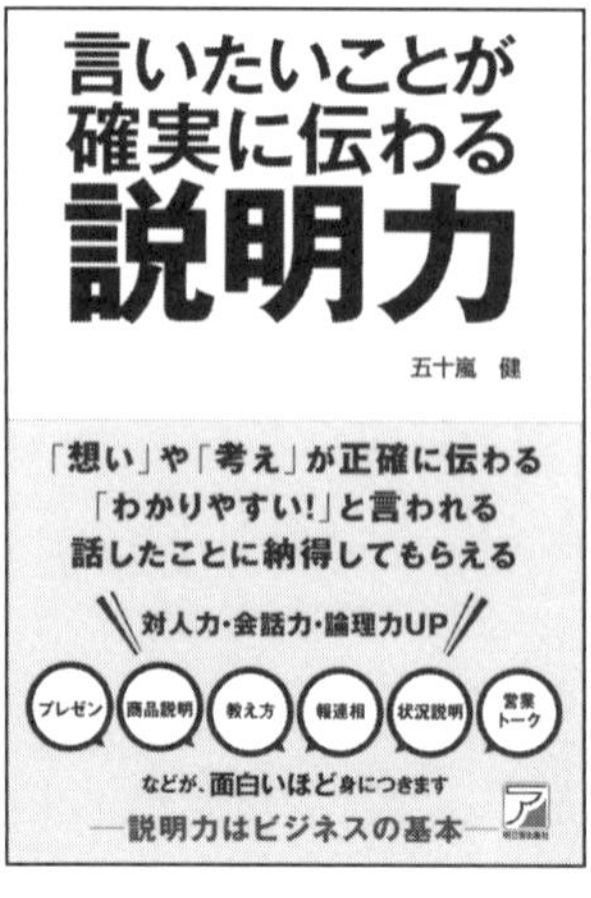

説明する場面はビジネスシーンで多々あります。しかし説明の仕方が悪いと、言いたいことが伝わらない、自分の意図と違った意味で伝わるなどの問題が生まれてしまいます。難しいことでも簡単に説明できる方法を説いた指南書。

本体価格 1500 円＋税　B6 並製　224 ページ
ISBN978-4-7569-1680-8　2014/03 発行